JN440374

분간 없는 것들

김은후 시집

시인동네 시인선 069

김은후 시집

분간 없는 것들

시인동네

시인의 말

늦게 오는 것의 반대말은
아예 오지 않는 것
그리고 너무 늦게 오는 것

비 오는 날,
숲에 가서 나무를 두드리면
늦지 않게 오는 실한 포자들이 있다.

2016년 11월
김은후

차례

시인의 말

제1부

포보스 · 12
발끝에 악마가 살고 있어요 · 14
물의 맛 · 16
사과가 생각났다 · 18
안팎 · 20
숙주 조정 · 22
제르트뤼드의 봄 1 · 24
제르트뤼드의 봄 2 · 26
제르트뤼드의 봄 3 · 28
이상한 이웃 · 30
누에가 먹은 달 · 32
내외 · 34
따끔한 꽃말 · 36
4.5 본능의 키 · 38
종이 오리기 · 40
종이접기 · 42

제단과 계단 사이 · 44
검은 숫자, 흰 숫자 · 46
징글메일 · 48
문명의 거주 비용 · 50
파프리카 씨앗 · 52
달팽이들 · 54
종량제와 새 · 56
기하학적 코끼리 · 58
가로와 세로 · 60
자글자글 호박씨 · 62
발가락 유전자 · 64

제2부

호로록 · 68
두 개의 달 · 70
흩어지는 방식 · 72

나프탈렌 · 74
심해어 · 76
도마뱀 · 78
봄날의 간극 · 80
도깨비 · 82
소리 사진기 · 84
깨어진 옆구리 · 86
윷놀이 · 88
갯벌 · 90
블루 오션 · 92
윤도(輪圖) · 94
코펠 · 96
달밤 · 98
편도의 외출 · 100
나방 · 102
낙과 · 104
흰 그늘 · 106

귀와 나눈 이야기 · 108
트라이앵글 꽃밭 · 110
유골 · 112
큰 숨 한번으로 · 114
넙치와 날치 · 116
흙 꽃 · 118
지나온 길의 식성 · 120

해설 경계에서 피어난 역설(逆說)의 풍경 · 123
오태호(문학평론가)

제1부

포보스

달은 물처럼 흘러들어와 물처럼 어두워진다.

마을에 알맞은 어둠의 수위가 고이면
발 가벼운 것들, 물고기처럼 흘러다닌다.
오래전 수몰된 위쪽 마을엔
달이 빠져 환한 창고가 되었다.

달의 그림자를 안고 스스로 위성이 된 저수지, 물이 차고 빠질 때마다 건기와 우기의 공전주기가 월력을 넘긴다. 서쪽에서 떠서 동쪽으로 지는 별, 마을에 사람이 들기 시작할 때 모든 것들은 스스로 위성이 된다.

마을 사람들은 불룩해진 위성의 인력으로 한철을 보내고 건기쯤 마을의 자력이 멀어지면 온갖 과일들이 떨어졌다. 한 번도 출렁거려 보지도 못한 수면, 가장 한가운데로 달이 빠질 때 달은 조용히 마개를 열고 스스로 진다.

둑엔 아이들이 놀았고 저녁이면 아주 가끔 아이를 부르는 소리들이 있었다. 소리는 들리는 동안만 소리여서 아이들은 소행성의 유전자를 가지고 싶었다.

마을 주위에 돋아난 작은 위성들마다 파릇한 잔디가 자란다. 그 어떤 속도로도 갈 수 없는 거리가 있고 소멸은 가장 친숙한 호칭으로 가계에 기록된다.

달처럼 생긴 마을에 달이 떴다.
저 먼 물의 덩어리가 흐르는 동안
잠은 밤의 위성으로 뒤척인다.

발끝에 악마가 살고 있어요

늦겨울 저녁이 축축이 비에 젖어 있고
아이는 게임에 빠져 있다
아이의 발을 덥석 잡았다

아, 아, 발끝에 악마가 살고 있어요

열중한 틈을 타 아이의 발에 저릿저릿한 악마가 파고들었다
그 시간 천사는 어디에 있었을까

어서 코끝에 침을 발라봐

천사가 어디 있는지 알게 되자
아이는 악마쯤 아무것도 아니라 생각한다

악마가 아무것도 아닌 것을 알게 된 아이는 저만큼 멀리 뛰어가 버렸다
코끝의 천사에게 쫓겨난 악마,
코끝 천사를 아이에게서 빼앗아

기억의 바다로 던져버렸다

저릿한 암시 보내기를 좋아하는
그리 사악하지 않은 악마를 만나려면
축축한 저녁 무렵에 한참을 침잠할 수 있는 일을 찾아야 하지,
그리고 되도록이면 양반다리를 하고서
겹쳐진 생각에 골똘해야지

부르르 진저리치게 하는 악마,
내게는 하나쯤 있어도 되겠다는 생각
비가 오지 않을 때면 아이와 함께
일몰의 시간이라도 내어줘야지

물의 맛

방파제를 넘어온 수만 장의 해풍이
햇볕에 말라가고 있는 포구, 물의 맛이 비릿합니다
이곳 사람들의 입속에는
푸른 물이끼가 끼어 있을 것만 같습니다

처음에는 검은 종이로 밥을 싸먹는다 하였다지요 뒷산 바
람이 키운 대밭에서 대쪽을 만들어 휘청거리는 물에 지팡이
인 양 세워 그 전설을 바다에 키웠습니다

이렇듯 세상 모든 전설은 물때가 끼인 모양입니다

대쪽에 물의 때가 달라붙기를 바라고 있지요
물의 겉장을 닮아서
비릿하고 찰랑거리는 맛입니다

바닷물이 양보한 기슭에 다닥다닥 붙어 있는 집들, 짭짤한
물 냄새를 맡고 몰려든 사람들이 모여 마을이 되었지요 간들
은 넘쳐나는데 밥이 귀하던 곳이었지요

수천 장 물의 맛을 처음 전설로 말려낸 곳이, 저절로 울어 난리통에 사람을 지켰던 섬이라지요

넓적한 칸칸의 햇볕 양식장, 질 좋은 해태가 자랍니다

햇볕의 발아점입니다

물속의 것들을 풍천의 맛으로 키우는 판석 아재는 물밑에서도 별은 큰 양식이 되는 줄을 알고 있지요 섶발 들어 올려 주는 아재 팔뚝에 그물처럼 얽혀 있는 푸른 핏줄들은 물살이 키운 힘입니다

악착같이 붙어 있는 섶발의 김처럼

어판장에는 햇살 비늘이 은빛으로 펄떡거리고

양식장에는 반짝거리는 물의 낱장들이 바삭거리는 맛으로 몰려들고 있습니다

사과가 생각났다

사과를 한입 베어 물면
노르웨이 바다가 생각난다
사과는 왜 동그랄까

하얀 사과였다
눈을 비비고 다시 보니 파랬다 하얬다 했다

왜 사과를 배에 두고 내렸을까

배에서 본 수평선의 낮
길게 태어난 것을 축복하는 종족들은
둥글게 제 몸을 마는 것을 좋아한다
노르웨이의 여름밤은 왜 둥글게 말렸을까

가까워지지 않으려고 더 가까워지는
동그란 것과 둥그런 것들의 맥락
여름밤은 하얀 사과가 되었다
노르웨이에서 배를 탈 때는 사과를 가져가자

사과와 수평선의 품평서에는
둥근 시간을 그리면 되지

하얗게 말린 밤
말랑말랑한 뼈를 지닌 종족들 중
길고 푸른 종족이 생각났다
거기 말랑한 수평선에 얹혀 있는 사과가 생각났다

안팎

배추 모종을 심었다 간밤에 고라니가 다녀갔다 뭉텅뭉텅이 빠진 밭에 울타리를 쳤다 안팎을 나누었나 했더니 배추 속에 내가 갇혔다

경계를 긋는다는 것은 다른 경계들이 모여드는 것
안팎을 알 수 없는
고라니는 다만 발자국 몇을 잃고 새 길로 뛰어갔다
한나절 경계를 긋다가 안팎에 두루 불안을 가두었다
허리를 펴다 하늘을 보니
문득 경계가 없다

모든 경계는 공정한가

옥수수 씨앗을 세 알씩 심었다 한낮에 산비둘기가 다녀갔다 경계는 식성을 나누는 것이다 저 혼자 다 먹은 것은 식성을 나누지 않겠다는 것 산비둘기 날개는 이미 식성의 선로를 이탈한다 이것은 누구에게 공정한 것인가

동네 할머니는 짐승과 나눠먹으려
여분을 심는다지만
실은 한 알이라도 내가 먹겠다는 것
내가 옥수수를 뚝! 딸 때 산비둘기 날개는
나와 경계를 짓는다

밤과 낮이 경계 근처를 놀다 갔다

숙주 조정

이웃이 될 거야
남의 몸속에 제 집을 짓고는 짐짓 동화를 읽어준다
이웃을 내 몸같이 사랑하라
경전을 실천하는 거야
선충*의 경전은
밀림개미 배를 빨갛게 익히고
새들은 잘 익은 개미를 먹고
개미는 또 새똥을 주워 먹고, 먹고, 먹어
새들은 앉고, 개미들은 날고.

기생의 한때는 어느 뱃속에서도 소화되지 않는 매직
매직과 경전의 공서(共棲)
용케 몇 번의 죽을 고비를 넘기고 살아도
내 몸속에 살고 있는 끈질긴 죽음
다른 곳으로 옮겨가지도 않는 모두의 죽음
이도 알고 보면 기생일 것
죽음과 내가 숙주의 자리를 놓고
교차되는 의심

밤늦은 시간, 학교 앞마다
주정차금지 구간에서 기다리는 부모들
저 교문 안쪽엔 어떤 선충이
한때의 위반을 조정하고 있는 것일까
의심 들지 않는 것이 혈연이지만
새들이 수시로 고개를 갸웃거리듯
가끔 나는 의심이 든다

각인된 행동의 반복이 지워지는 만큼
반복되는 기생
지난봄, 산불이 지운 숲의 각인마다
어린 묘목들이 파랗다

---

*선충(Myrmeconema neotropicum): 밀림개미의 기생곤충.

제르트뤼드*의 봄 1

—나비가 노래하지 않는 이유

가벼운 존재들은 분간 없는 것들이라는 생각
가벼운 존재들은 없는 것들을 가지고 있다는 생각
사람 몸 중 가장 가벼운 것이 귀라면
나비는 없는 귀를 가진 것이고
사람 몸 중 가장 무거운 것이 입이라면
나비는 아예 도르르 말아버렸다는 생각

유채꽃 흔들리자 일어났다 다시 앉는 나비
잠시 땅이 울리는 소리를 들었을까
꽃에 들지 않아 그 소리 듣지 못한 날개는
가벼움을 숭배할 것이라는 생각
소리의 세계는 어쩌면 공기가 노래하는 것이라는 생각
이외로 경쾌한 숭배의 노래일 것이라는 생각을
새들이 노래하는 이유로 천거한다

나비의 날개는 없는 귀의 대신일 것이라는 생각
날개에 얹힌 형형의 무늬는 일가를 등에 묻히고 다닌다거나
황홀의 색깔은 그들의 즐거운 장난일 것이라는 생각

입도 가장 무거울 것이라는 생각
그들을 나비가 노래하지 않아도 되는
기쁜 날갯짓의 이유로 천거한다

사람들이 더 많이 노래하지 않는 것은
난청의 사오정이 입을 벌리면 수십 마리의 나비가 날아 나오는 것처럼
점자를 읽는 제르트뤼드의 손이 나보다 능숙한 이유와 같을 것
어두워야 더 잘 보이는 여러 가지 것들

나비는 날개를 접었다 펴며 안팎을 접고
유채꽃 위에는 나비의 노래가 퍼지는 봄날
가벼워야 존재 위에 앉을 수 있다는 생각

---

*앙드레 지드의 소설 『전원교향곡』의 맹인 여주인공.

제르트뤼드의 봄 2
—우화(羽化)의 무게

'나는 새처럼 즐거워요'*
어둠의 두께가 차츰 얇아지며
새들이 이야기하는 풍경을 들었다

출근길에 보았던 고양이 주검, 퇴근길에 그대로 있다
땅에 붙어서 용화(蛹化)되어 가는 중이다
씽씽 차들이 달리는 길은 잘 치워지지만
길옆이란 잘 치워지지 않는 곳
발이 가벼울 때엔 날개가 없어도 좋았다
살아있던 시간은 그래도 둔중했던지
땅에 닿은 데부터 시작된 용화
벌레의 몸을 빌어 우화될 예정이다
달리는 속도에 날려 보낼 것은 빈 껍질

점자 익히는 제르트뤼드의 속도가 나보다 빠른 것은
눈은 가늠하는 절차가 있기 때문이지
어둠의 두께가 얇아지는 속도로
무지개의 색깔을 만지고 싶고

새가 이야기하는 세상의 색깔을 듣고 싶은 그녀에게
우화란 형태가 없어야 하는 날개일까

아직 우화의 무게는 습득되지 않아
다른 형태가 찾아와 주기를 기다리는 중이다
그것이 둔중한 코끼리여도, 팔랑한 하루살이여도 좋은
우아한 맹수의 새로운 형태를 가늠하는 것은
제르트뤼드의 눈이면 가능한 일

---

*앙드레 지드의 소설 『전원교향곡』의 맹인 여주인공 제르트뤼드의 말.

제르트뤼드의 봄 3
—그녀의 무지개

서울 버스는 420개의 번호와 네 가지의 색깔을 가지고 있다 푸른색 202번 버스를 타면 불암산으로 갈 수 있고 1155번 초록색 버스를 타면 수락산 입구에 데려다 준다 제르트뤼드는 손가락 끝으로 푸른 버스를 기다린다

지문이 읽은 색깔은 버스 타기에 적합하지 않은 색깔, 발음으로 확인하는 숫자는 목적지를 지적하는 다른 형식이다 한꺼번에 효능해야 할 색깔과 번호의 기능, 지문에서는 따로 감지되었고 질문 속에 새의 노래를 섞기도 한다

겨울 지난 봄밤, 첫 음악회에서 색깔이 소리 속으로 들어왔다 화음 속에서 생소한 악기의 모양을 가늠하고 그로부터 음계의 색가를 매긴다

검정색은 둔중한 색깔의 덩어리일까
둥둥 떠다니는 제르트뤼드의 무지개는
프리즘이 분리해내지 못하는 수만 가지 색깔
가장 가벼운 색은 가장 높은 소리로

흩어지는 빛, 빛, 빛.

버스에서 내리자 푸른빛이 산으로 올라가고 있었다

이상한 이웃

귀퉁이부터 슬슬 닳아 없어지는 늦봄입니다

지우개를 빌리러 갔었지요
지우개는 빌려 쓰는 것이 맞는 것 같아요
귀퉁이가 같이 지워지는 이상한 지우개
그래도 문장 전체를 다 지우는 지우개는 없지요

글자를 지운 자리에 다시 글자가 들어서는 계절입니다
흐릿한 잔영 위에 동그란 마침표가 찍혔습니다
훤칠한 잣나무들을 제치고 새 이웃이 이사를 왔습니다
하루 만에 대문 없이 문패를 달았습니다
흔들리는 글자들은 솎아내고
마침표를 식자하는 지우개의 작업입니다
서먹한 사후가 터를 잡아가고 있습니다
사후가 푸르러질까요?

풀포기 자라나는 지붕과 빗소리 요란한 이웃의 관계란 빌려 쓸 게 별로 없는 관계입니다 이것은 지우개가 원하는 일일까요?

하루 만에 생긴 길은 한 사람만 다니는 샛길입니다
지우개가 다니는 길입니다

누에가 먹은 달

뽕잎의 잎맥에는 주름의 지형이 있다
시간의 색깔이 푸른 까닭이다

네 번의 꿈을 꾸는 누에는 꿈속에서 달을 본다 그리곤 그 달을 조금씩 갉아먹는다
꿈을 깰 때마다 달은 조금씩 기울어지고

갉아먹은 다섯 개의 달을 토해내면
누에의 하늘은 캄캄하게 진다

지난여름 한쪽 눈을 다쳐 수술대에 누웠다가 영영 하늘을 보지 못할 뻔했다
질 듯 말 듯 달 하나가 실의 집으로 숨는 것을 보았다

누에의 몸은 달의 숙주

몸을 감추려 구름 속으로 들어가 제 스스로 갇히는 달
모든 진화의 끝엔 날개가 달려 있다

하늘은 어둠을 덮고 잠들어 있고
달은 나방처럼 날아갔다

내가 다시 본 하늘은 잎맥의 지도 속에 들어 있었다
누에가 먹은 하늘은
참 푸르렀다

내외

세 알씩 심는 옥수수 씨앗을 보고
봄날, 새들이 웃고 지나갔다.

초복 날 갓 시집온 캄보디아 신부 오일장에 나왔다. 닭 세 마리 만 원에 달라고 어눌한 떼를 쓰고 잘 알아듣지 못한 닭장수 아저씨 히힛 웃는다. 몇 발짝 떨어져 젊지 않은 새신랑도 히죽 웃는다.

모든 열매는 꽃 진 자리에 열리는 줄 알았다.

옥수숫대들마다
꽃과 열매가 멀찍이 내외하고 있다.
개꼬리 왁자한 옥수수밭 갓 배운 수화(手話)로 바람 속에 가지런한 이빨을 여물게 하고 있다.

결국, 모든 입은 말을 닮아간다.

꽃에서 멀찍이 겨드랑이에 돋아난 옥수수

서로들 곁을 두고 비식 웃고 있다.
다 한 몸에 있다.

파장 무렵 시골 버스 안, 드문드문 빈자리들처럼 내외하는 말들, 옥수수 밭에서
시골 장터에서 서로 다른 모양으로 웃고 있다.
새신랑은 앞문으로
새신부는 뒷문으로 내렸다.
시집오고 처음 맞는 초복 날이었다.

따끔한 꽃말

꿀벌이 모두 사라진다면 4년 후에는 온 꽃들과 식량이 멸망할 것이라는 아인슈타인의 말을 듣지 못한 아이는 배초향 꽃 무더기에 쑤욱 손을 넣다가 그만 벌에 쏘였다

꽃잎 피어나는 속도로 부풀어 오른 살갗에 따끔한 꽃말이 박혔다

아이 손등의 꽃말이 전에는 산란관이었다지 그 기억을 빼내는 데는 얼마나 많은 꽃이 폈다 졌을까 묻어온 꽃가루와 향기는 진화의 시간 동안 좀체 입을 열지 않았을 것이다 꽃말은 어쩌면 꽃에 쏘아놓은 침을 위한 화해의 전언일 듯

어느 해 겨울 선잠 깬 벌들, 제로의 비행이 계속되어 날개를 영영 접었다는 풍문을 펴보면 저마다 들고 있는 휴대전화 속, 말의 비행이 날개들 항로에 엉켜 불시착을 관제했다는 혐의가 붙어 있고, 집으로 회항하지 못한 날개에는 으스스 문명의 꽃말이 박혀 있었다 한다.

지금은 아이 손등에 피어 있는 빨간 꽃, 아이 몸 어디로 전이되어 나중, 꼭 맞은 꽃을 만나 또 어디로 옮겨 갈까

벌이 다녀간 배초향 꽃에서 한 무더기 짙은 질문이 자자하다

4.5 본능의 키

한 바퀴 세상을 돌아온 땅콩 한 알
땅속 제자리로 들어갔다
저 온전한 기억은 얼마 후 여린 이파리로 하늘을 치켜들었다
치켜든 힘줄이 노란 꽃으로 힘을 바꾸는 즈음
기억은 자꾸 땅속으로 파고든다
방향이라는 거, 어두운 본성이어서 회귀를 막고 있다
어디쯤에서 돌려세우는 방향
가끔 돌아오지 못하는 빈 쭉정이의 방향도 있으니

고속도로 소음방지벽 담쟁이덩굴
손을 뻗어 비밀번호 같은 방향을 붙이고 있다
키 작은 소리들이 달라붙어 있는 저곳이 생의 한 지점?
직선의 생 부지런히 매달려 가는 저 궁금한 흡반이
벽 저쪽의 세상에 혀를 붙일까
본능의 키가 4.5미터를 넘는다고 벽 저쪽 세상에 닿는 것은 아니다
더 이상 갈 곳 없는 방향이 있다는 것
어지러운 허공에다 한 생을 붙여도 좋을,

차에 부딪혀 4.5미터쯤 공중으로 나가떨어진
키가 작은 생 밑으로 배어 나온 피
보도블록 틈새로 스며들어 길 밑으로 흐르고 있었다
어느 허공 정점으로 흐르려는 듯
방향이 부르는 곳으로 천천히 지나가던 피

검은 비닐 씌워놓았어도 땅속으로 땅속으로 파고드는 땅콩의 힘줄
그러나 본능이 다 빠져나가 이미 가벼워진 몸이다
방향이 있다면
그건 전생(前生) 쪽일 것이다

종이 오리기

가위는 종이의 겹 따위는 신경 쓰지 않는다
방사상 무늬를 오려내어 창에 붙였다
오려낸 도형의 알맹이들이 수북하다
때맞춰 첫눈이 창에 닿았다
차가운 육각형 도형이 마름모들과 함께 쌓이고 녹는다
도형으로 창밖을 내다보면
무언가 긴히 빠져나간 곳곳이 있다
색깔 빠져나간 은행나무와 아이들 빠져나간 놀이터
어머니 빠져나간 엄마 그리고 마름모꼴 빠져나간 유리창
그제서야 선명하게 보이는 도형 밖으로 제외되었던
도형들, 빈집들
흐린 날 눈의 도형들이 가득 들어 있던 하늘
호칭의 도형들이 흐려져 가는 어머니 기일에 듣는 엄마
오린 종이를 펼치자 도형이 되었고
구름으로 접혔던 하늘
밤새 육각형 도형들 멀리, 가까이 펼쳐놓았다
그사이, 엇박자로 쏠려 있는 세 박자 새 발자국
동글동글 네 박자 고양이 발자국들이

새로운 도형들로 찍혀 있다
큼직하고 명료하기로는 사람 것이 으뜸이겠지만
창밖으로 내린 도형의 길에는
동물들이 낸 길과 사람이 낸 길이 다르지 않다

마름모 안쪽에는 규정할 수 없는 무늬들이 흩어져 살고 있다
같은 모양의 손과 발이 북적거린다
창문에 붙어서, 방 안에 누워서

종이접기

종이를 반죽한다
나머지가 없어야 완성되는 종이접기
풀이 없어도 모서리가 서고
절단하지 않아도 새 면이 나타나는 차원

끈적임이 없으니 날카롭지도 않다
기하학을 배우지 않아도 별은 각을 지을 줄 알고
원주율 없이도 꽃의 선은 궁글릴 줄 아는 것
나눗셈은 약속을 몰라도 할 수 있는 일이다

지난달 딸아이가 딸을 낳았다
불룩하게 배불렀다가 순하게 나뉘었다
나머지 없는 나눗셈을 한 것일까
아이는 커서 비행기를 접을 테고
딸아이는 아이 몰래 조마조마한 심정을 접어갈 것이다
접힌 곳을 접고 또 접을 때면 가는 길이 보이겠지
굳이 외우지 않아도 접고 또 접어가는 관계들의 선

>

간혹 잘못 접어 순서를 되짚어 접어보아도
나머지가 남는 때가 있다
점을 세 번 찍는 것으로 약속한 것이 기억난다
수도꼭지를 풀면 물이 콸콸 쏟아져 나오고
나머지 없는 나눗셈으로 0을 쓰고 싶은 봄날 오후
접은 꽃에 물을 준다
축축한 향기를 풀기도 하고 접기도 하면 좋겠다
정원에는 라일락 꽃잎이 펴지고 있고

제단과 계단 사이

헌화할 수 없는 꽃은 꽃이 아니다

쥐똥나무 울타리에 꽃잎들이 널려 있다 제단이 직육면체인 것은 꽃이 눕기 시작하면서이다 언뜻 보면 제자리를 오르는 계단 같다 누운 꽃들은 헌화의 제의를 기억하며 제문을 쓸 것이다

궁색한 제물들이 쥐똥나무 주변에 걸려 있고 제단은 해마다 계단을 전정한다 부랑한 것도 제물이 될 수 있나요? 우유곽이나 과자봉지에서 질문이 삐져나온다 목이 잘리고 하얀 피가 꽃처럼 피고 순교와 상관이 없는 제물들은 헌화할 뿐 헌화는 아랑곳하지 않는다

제물이 제단을 옹위하던 시절 완전한 제물은 수컷이었다 암수 평등이 등등해지면서 제단은 제 스스로 제단이 되기 위해 때 없이 질문의 목을 자르곤 했다 피 없이도 제물이 되나요? 철마다 다른 질문이 삐져나오고 답은 떨어지는 꽃잎들로 충분했다

제단의 역할은 질문을 다스리는 것

제 몸을 깎은 제단
각을 뜨던 방식을 기억하는 가위는 피를 보지 않겠다는 질문

검은 숫자, 흰 숫자

충혈 된 숫자로 답을 쓰던 날들
계기판에는 토끼를 따라가는 바늘이 검었다 희었다 한다

숨기기, 달아나기를 고르는 습성 다른 숫자들
희었다 검었다 색깔을 바꾼다
해마다 더하기만 하다 숫제 껍질 벗어버릴 숫자도 있겠지
새로 난 도로 밑에 토끼굴이 생겼다
가끔 그리로 지나갈 때면 생각나는 흰 숫자 검은 숫자 익히던 시간,
달리는 시간을 피해 가로지르는 아래를 팠을까
환한 이쪽에서 보면 점점 작아지는 저쪽의 환한 통로로
몇 마리의 토끼는 도망쳤을까

어릴 때 집에 토끼장이 있었지
풀들을 뜯어다 활발한 숫자를 길렀지
떠 있는 풀밭에 섞여 놀던 검은 숫자 흰 숫자들
아버지는 가끔 귀를 잡고 숫자의 껍질을 벗기고는
빨랫줄에 걸었다 자전거에 싣고 나가도

그다지 줄어들지도 늘어나지도 않던
토끼풀 앞에 모여들던 왕성한 자궁의 숫자들

장날, 할머니는 하릴없이 토끼 몇 마리 툭 꺼내 가고
때로 얼룩 강아지를 대신 데려오기도 했다
수학 익힘책의 빈 네모 칸처럼
토끼장은 빼기와 더하기를 실행하고 있었지만
굴 속에 있던 것인지 새로 난 것인지 개의치 않고
답을 쓰면 눈알이 빨개졌다

토끼장 문이 열려 산으로 도망간 숫자들은
아직도 더하기만 하고 있을 것 같다

징글메일

광야에서 불타던 떨기나무는
출애굽 문밖에 서 있었다
그 문으로 지평선을 움직였던 모세
불타는 한 그루 나무가 서 있는 집은 참 따뜻해 보이고
엄격한 모기지의 식욕은 베니스의 상인보다 악할 때가 있다
평생 단 하나의 열쇠도 잠그지 못하는 가족이 있다
디폴트를 선언한 식탁과 접시들을 닦는 손에 세제 거품이 가득 묻는다
거품 세상에 거품 집으로 이룬 일가
이미 거품 속으로 집을 돌려보냈다

편도의 외출을 계획한 식구들
마당에는 꼬마전구 매달은 나무가 불타고 있다
생각해보니 성탄절이 가깝다

열쇠 없이도 열 수 있는 봉투에 열쇠를 넣어 보내는 징글메일*
올해는 문밖의 성탄절이다

열쇠를 넣고 봉투를 닫은 사람의 마음과
짤랑거리는 봉투를 여는 사람의 마음이 절박의 진도를 서로 매긴다
나비 날갯짓 같은 짤랑거리는 소리가
온 나라를 돌아다닌다

성탄절이라 더 유난한 문밖
다시 꼬마전구 가득 달린 모세의 떨기나무를 알현해야 할 때

---

*징글메일: 대출금 상환이 어려운 집주인이 집 열쇠를 봉투에 넣어 모기지업체로 보내는 편지. 열쇠소리가 짤랑거린다고 징글메일이라 함.

문명의 거주 비용

비워놓은 집이 메일을 보내왔다

제목: 1월 전기요금 청구액 160,720원

장작불 아궁이 대체요금이자
빈집에 독처한 문명의 거주 비용이다
집을 단단히 걸어 잠그는 역할들 종류는 따로따로이다
저장고에는 겨울에도 웅웅거리는 냉기가 돌아가고
문 안팎 두루 응시하는 무인경비시스템의 렌즈
심야 전기보일러는 온기를 새어나가지 않게 하는
통합 경비원, 문명이다

예민하기는 빈집이 더해
지나가는 소문이 멈칫거리기만 해도 헛기침 같은 소리 자자할 것이다
무인의 기간을 견디는 것이 공간뿐일까
보일러는 무인의 계절을 쌀쌀하게 덥히고 있고
우리는 외출이라는 거짓말을 설정해놓는다

거짓말의 온도 12도
거짓말을 굳게 믿게 하는 값, 한 달에 16만원 정도
문명의 고지서를 무인공과금 수납기에 밀어 넣고
마그네틱 암호로 문명의 값을 지불한다
'명세표를 수령하십시오.'
달랑 얇은 영수증 하나 손에 쥐어준다
헛바늘 돋은 겨울바람에게 악수를 청한다
장갑을 낀 채

파프리카 씨앗

씨앗저작권이라는
문명의 단어가 생겼다

문명은 씨앗을 외곽으로 내몰았다
누려본 적 없는 씨앗의 권리
진화의 수레에 얹혀 생육 중이다
많은 배[腹]들이 기형의 식물로 부풀려졌다
배들은 절멸이 순도 높은 진화의 시작이라 말하지만
무위가 작위에 형편없이 눌리는 시절이
참 길게도 이어져오고 있다

열성의 가계는 친족의 회중에 들지 못하리라
그리 쓰인 책도 있다

필연적 절멸이 가계도를 그리는 즈음
아이들은 공룡의 모형으로 놀고 있다

돌 반지 하나 팔아 파프리카 씨앗 일 그램 겨우 살 수 있다

지만

보릿고개에도 베고 잤던 씨앗이니
오래된 원형이 낯을 바꾼들 번쩍거리는 일은 없다
밭에서 조합되지 않은 씨앗들
가상의 농법을 찾아 이동하는 유목도 있으려니
새삼, 이라는 표정에 호들갑을 들인들 별무

말이 노새를 낳은 것이 당나귀의 뜻이라
펄쩍펄쩍 뒷발이 뛰지만
우연의 쭉정이가 사라진 씨앗 한 봉지는 얌전히 묶여 있다

달팽이들

비록 느렸지만 앞으로 나아갈 줄만 알았다
집은 점점 무거워지고 돌아보면 원을 그리며 멀어져만 갔다
타원형의 어지러움이 자꾸 뒤쪽으로 쌓였다

눅눅한 곳으로만 돌았다
멀리 밤마다 화려한 꽃밭들이 생겨났다
갈수록 좁은 곳으로,
그늘의 종족이 되어갔다
무겁던 집은 사라지고 어느덧 민달팽이가 되어 있었다

빈 껍질을 찾기 시작했다 건천들마다 물의 각질이 일어나는 볼썽사나운 날씨다 수레를 끌고 온 달팽이들이 비어 있는 화분의 그늘마저 주워 갔다 떠나간 것들의 자리마다 그늘이 들어와 살고 있고, 집들마다 느릿한 실금들이 생기기 시작했다

읽던 책을 옆으로 흔들면 활자들이 쏟아져 내렸다
온통 붉은 글씨들이 철거지역 벽을 기어 다녔다
문들이 사라지면서

안과 밖이 지워졌다
달팽이관마다 불안한 소문들만 가득 쌓여 갔다
더 이상 꽃밭 속으로는 갈 수 없다

무겁고 느린 달팽이들이 좁은 골목을 천천히 기어와 빈 달
팽이집을 부수고 있다
늙은 햇살이 버리고 간,
먼 곳의 그늘을 헤치면
거기 민달팽이들 등마다 불안한 집들이 얹혀 있다

종량제와 새

알맹이를 고르는 일은 바람의 몫입니다
날아가는 것들이 물기가 아니어도
바람을 묻히는 일에 골몰합니다

저녁에 먹은 수박, 밤새 가벼워졌지만
껍질이 무거워진 것은
이동하는 것들이 빈 곳을 찾는 다른 알맹이들이라 말합니다
최상의 경전은 가벼워지는 것
축축한 껍질을 내다 널자
가벼워지지 못한 무게가 콕콕 부리를 쪼아댑니다
바람을 데려오는 날개가 그리 조용할 리 없지요

종량제 계량기기 앞에 서서
여태도 젖어 있는 나를 생각합니다
젖은 물질과 마른 물질 사이에는 분명 무중력의 시차가 들어 있어
나보다 어린 엄마는
젖음을 더욱 젖게 합니다

무거운 곳이 한 군데쯤 남아 있다는 것은 새를 부르는 부탁입니다

작을수록 좋은 날개를 가진 새들 소리는 말라 있지만
어딘가에는 새들 소리도 정량(定量), 분리되고 있지 않을까요
작고 가벼운 종달새를 불러
종량제 봉투로 사용하려구요

기하학적 코끼리

고층 건물을 무심히 내려다보던 하늘은
어느 날부터 숲이 되기로 결심했다
바람 빼곡히 든 공중은 키 작은 관목 숲이었지만
더 깊이 올라간 곳은 경외의 숲이 되었다
숲이 밀집의 도형에 담기기 시작하자
아이들 손에서는 자주 풍선이 날아갔다
끈이 풀려 날아간 것들은 금방 숲속에 감추어지고
예삿일이지만 숲은 점점 좁아져 갔다
자리 옮길 때마다 달라지는 기하학적 숲
닿지 못하는 틈새가 아득하다
어릴 적 하늘엔 같이 놀던 구름동물들이 많았다
그중 코끼리 한 마리 이 숲으로 놀러왔다
제 몸보다 높은 빌딩과 제 몸보다 큰 빌딩이 만든
기하학적 코끼리,
불러보아도 좀체 다가오지 않고
제풀에 도망가지도 않는다
꼭 맞는 은신처를 찾은 것이지
가끔씩 큰 귀를 펄럭일 때가 있지만

그 사이로 프로펠러 달고 헬리콥터도 날아가고
아이 손이 놓친 풍선이 지나가기도 한다

구름 없이도 코끼리를 데려온 기하학적 도형
둔중한 숲의 하늘에
파랗다가, 잿빛이다가, 젖었다를 번갈아 가며 쉬는 코끼리
기하학적으로 오래, 가벼운 듯 거기 갇혀 있다
숲에서 사는 것들의 은신처는
제 색깔에 맞는 숲이지만
하늘 올려다보면 손닿지 않는 곳도 은신처라는 것

가로와 세로

가로 읽기가 편한 것은
게의 행보에서 배운 습관 때문이다
낱말퀴즈도 세로보다 가로 맞추기가 쉬운 것은
익숙한 독서방법 탓이다
세로 칸의 힌트도 가로쓰기로 되어 있지
세로와 가로를 교차하는 모호한 해석들
재빨리 구멍을 찾아 들어가고
숨 고르기를 하는 정답들의 힌트는
사람들 기척에 놀라
재빨리 구멍을 찾아 들어갔을 것이다

양손잡이 게는 회전식 눈으로 차지한
갯벌의 정답 구멍들
나는 세로의 반대가 가로뿐이라 가정하고
회전식 초밥 전문점에서 게살 초밥을 집는다
문득 세상의 모든 타자기가 가로쓰기인 것과
세로의 긍정과 가로의 부정이 뒤바뀐 곳이 있을 것이라 생각한다

살아있음은 세로의 영역이지
구멍 숭숭한 세로 칸들
회전식 독서방법을 빌어와 정답 근처를 뒤진다
밑줄 한번 쳐본 적 없는 게들
팔락팔락 가로로 넘어가는 소리를 내고 있다

죽간을 가로로 읽을 때의 지독한 난독처럼
풀지 못한 낱말퀴즈의 빈칸들을
눈을 깜박이며 보고 있다
지구 곳곳을 뒤져보면
가로의 부정과 세로의 긍정이 뒤바뀌는 곳도 있겠지

자글자글 호박씨

물기 걷힌 이파리 소리들이 여전히 넓다
가차 없는 가을이다

씨앗마다 입구를 풀어놓았다가 다시 꼭꼭 닫은 호박
밭둑에 거처를 정하고 그늘 평수를 늘렸다
바람이 차면 입구를 묶어버리는 풍선처럼
애초에 호박꽃은 꽃이 불룩할 때 호박을 묶어버렸다
꽃의 기억으로는 출구일까
아이는 나팔꽃 속에 나팔 소리를 숨겨놓았다 하지만
꽃 속에 그늘을 숨긴 호박
그리 묶였어도 어찌 저리 커졌을까
진주조개처럼 이물을 데리고 들어가기도 하는지
어제 가른 호박 속에는 자글자글 벌레들이 들끓었다
본시 평온한 것들 속에 진저리쳐지는 것들이 들어 있으니
몰래 숨어 있던 것들이 아니다
열매들은 대개 거처를 허공에다 잡지만
유독 제 이름에 박 자(字) 골라 쓰는
두루뭉술한 염치

이름 속 박자를 땅바닥더러 읽으라 했을까
가장 무거운 쪽부터 허물어지는 둥근 여름
동네 할머니는 애당초
꽃 속에 벌레가 들어갔다 하지만
권속 불리는 방법 참 희한하기도 하지
아이는 제 손가락 세듯 호박씨를 세고 있다
벌레 먹은 씨앗은 하나도 없다

발가락 유전자

길가 녹지 않는 눈사람
떨어지지 않은 은행알들을 올려다본다
바람에 날개를 얻은 이물들
길가 눈 위에 희끗한 저녁으로 고여 있다

전서구(傳書鳩)였던 기억이 까마득해지고
광케이블 맨홀 뚜껑 위에서 태연히 먹이를 쫀다
전서를 꾸역꾸역 삼킨 통통한 부리
길의 하루치 습성에 길들여져 있다
날아오르던 평화가 뒤뚱거린다
거처에 대한 기억들은 공원의 먹이처럼 뿌려지고
다리 밑과 아파트 난간들에서
먼 옛날 선조들의 절벽을 연상한다

그래도 아직 통통한 목에 지우지 않은 야성,
피전밀크로 새끼들을 마구마구 도시로 이주, 정착시켰다

발가락이 옮긴 유전자들

비둘깃과의 야생을 저공, 회귀시킨 도심 곳곳
눈 속의 이물을 쪼느라 퉁퉁 불은 부리
변이의 과정중이다
그들의 먼 화석은 은행나무 가지에 얹혀 있다

다시 대설주의보가 내렸다
길의 습성에 길들여진 발가락들에게 금지된 영역은 없다
한 과(科)의 변이가 저렇다면
때 절은 날개는 구차하다는 생각
모이 뿌려지는 곳으로 선회하는 발가락 유전자들

제2부

호로록

이름이 날아오릅니다
큰집 할아버지는 바람 '풍' 자는 말뚝과 함께 써야 한다 하셨어요
이름은 이승에서 날아가지 않게 짓는 것이니
자주 불러서 여기 묶어두자는 묵계이겠지요

손 위로 뜨거운 이름이 호로록 올라가고 있습니다

호로록 호로록
왜 소지는 날아오를까요
이름에서 말뚝이 빠져나갔을까요

이름에는 불씨가 있습니다
꼭 끝 글자부터 태워 갑니다
생전에 성성했던 성씨는 후손의 손 안에서 뜨거워집니다
이름이면서 이름이 아닌 것이 다시 죽을까봐
재빨리 손을 바꾸어가며
호로록 호로록 호로로록

어쩌다 큰집 제사에 갈 때면 나도 손에 불을 올려놓고 싶었습니다
마중과 배웅의 행위에 안녕이 있을까요

잠시 이름으로 왔다가 다시 이름 없이 돌아갑니다
큰집 할아버지의 안녕이 궁금해집니다

두 개의 달

입 없는 날벌레들의 한여름 밤
마당 한쪽에 촘촘한 틈을 좋아하는 극성들이 모인다
등불 하나 켜지면 달은 두 개가 된다

유년의 밤길
눈앞의 달보다 먼저 가고 싶어 내달려도 늘 바로 앞에 있던 달
나방의 밤길이 그랬다 달은 눈앞에 있는 것이지, 거리(距離)에 있는 것이 아니었다
한쪽 눈을 달에, 다른 쪽을 짝의 방향에 두고
직선의 비행을 감행하는 종족들

달은 날개를 탐하지 않아
날개들이 그악스럽게 달에게 달려들었다

날개를 탐하는 빛
등 밑으로 날짜들이 모여들었다
언제부터 달이 뜨거워졌는지 모르는 날벌레들

그때부터 달에 따라다니던 날들은 캄캄해졌다
집충등 밑으로 달의 날짜들이
바글바글 몰려간 것이지

날벌레들 까맣게 꺼지고 가설의 달도 환하게 꺼지고
이제 혹은 방금 전까지의 날짜들이 무수히 떨어져 있다
허세 밝던 어느 슬하가 떠오르는 아침
문득 집안의 모든 달력의 칸들이 하얗게 되어 있었다
날짜들이 날아가고 텅텅 비어 있었다
집충등에는 달의 무늬가 출렁거리고
오래 들여다보면 지나간 날짜들은 다 스위치가 내려져 있다
하나같이 극성스러운 시간들이었다

흩어지는 방식

서늘한 숲, 나무들이 긴 회랑(回廊)처럼 앉아 있다.

혼자 타는 나무는 없다.

물기가 날아오르며 연기를 흉내 내는 나무들
혼자 날아가는 구름은 없다.
여러 개의 방을 거느린 직선의 저택에 숨어 있는 것과 열린 것이 함께 있다.
아궁이 저쪽이 꼭 방은 아닐 것이고
울음을 보태는 곳이 꼭 아궁이 앞만도 아닌 것처럼
아직 젖어 있는 것들의 흩어지는 방식이지.

부친의 방들이 타이머 안에서 잘라지고 마르고……
문 저쪽에서 재가 되어 나올 때까지
양쪽의 세상에 마음을 두고 흐느끼다 그치다 연기처럼
내 몸에 첫 불을 밀어 넣을 때를 생각하는 시간

제일 뜨거운 곳은 눈일 것이라는 확신

나무는 어느 방에 불을 키우고 있는지
가장 불붙기 쉬운 잎들은 다 털어버리고 있는 계절
그 틈을 열어
구름을 채워 넣고 있는 시간
첫 불 앞에서는 혼자 우는 울음은 없을 것이라는 생각

연기는 구름의 흔적이라고 필기된 나무의 그늘 한 장을 오래 보관하고 있다.
그곳에서 물의 냄새가 났던가.
희고 넓은 연기에다 나도 첫 문장을 적는다.
맨 처음 한 줄,
첫 불 들어가는 빈방이 있다.

나프탈렌

상현달 커가는 속도의 색깔은 희다
한동안 떡갈나무에 묶여 있는 달, 나프탈렌 몇 알은 지금 날아가는 중이다
냄새는 날개의 표본일까

창문을 닫으면
달은 끈을 풀고 날아간다

채마밭 귀퉁이 감자알들이 줄 끊어진 행성들같이 묻혀 있다 최초의 별들은 씨감자 같은 모양이었을 것이다

뭉쳐지거나 닳아 사라지는 것들, 채마밭은 한동안 날아가고 그 빈 밭에 흰 눈이 내릴 것이다
묶인 끈들이 풀리는 소리가 들릴 것이다
지난봄엔 풀린 끈으로 고춧대를 묶었었다

점차 모서리가 닳아가는 하현달의 관성엔
흰 나프탈렌 냄새가 나는 것 같다

달의 흰 냄새와 조우하는 어디쯤에서
서로의 속도를 감지할 것이다

창문을 닫을 때 따라 들어온 바람
문 안의 냄새와 문밖의 냄새를 섞어 계절을 차려놓고
날짜들, 탁자 위에서 식어가거나 상해간다

시간이 달아나는 냄새들이 둥글게 말리고 있다

흰 달이 다 날아가고 없는 허공

심해어

몸속에 뼈를 넣고 사는 일가들에게는
살아가는 것이 통증이다
적당량에서 치사량까지의 간격
통증의 유효기간일 것이다

어릴 때 아버지 무명이불 아래 눌리는 꿈을 꾸고 난 뒤면
이불 밖의 열로 아팠었다
몸은 그때 벌써 통증이 가진 예언성을 알았던 것일까
뼈가 없는 오욕(五慾)의 행보들로
허다히 뼈를 굽혔다 폈다 하며 살아가는 동안
어느 이불 밑 캄캄한 칠정(七情)의 바다에서
납작한 위안을 터득하는 전초였을 것이다
오랫동안 통증을 삭이던 작은 할머니 이불 속은
세상에서 가장 깊은 바다였을까

혹독히 추울 것이라는 변종의 겨울 예보는
이불 속 압력의 깊이도 함께 예보한다
알고 보면 감기는 무성한 고통 덜어내려는 출구일 것

하강의 수압에 눌리지 않고
꼭 그만큼의 압력을 사방으로 밀어내는 심해어
그래서 진화의 방향은 납작하다
내 몸 어디에도 납작한 곳은 있을 테고
그러고 보면 가장 납작한 것은 서로 포개질 수도 있겠다
거기 짧은 간극 속, 틈틈에 유효한 통증이 유영하고 있다

도마뱀

단 한번을 위해 세운 날[掣]은
후미에 숨겨져 있다
날이 숫돌에 닿을 때 흔들던 그 꼬리
언제나 날은 짱짱하게 세워놓아야 한다
크게 내리쳐야 할 한 번이 생의 후미일지는 누구도 모르는 일
운 좋으면 날만 세우는 일생도 있겠지

제 몸을 숫돌에 대는 종족들은
무딘 시간을 견딘 흔적이 있을 것이다
언제든 버릴 수 있는, 날렵한 위기를 지니고 다니는
잘 갈아진 날은 눈으로는 볼 수가 없다

재생의 전초를 자절(自切)이라 말하는 사람들
그들은 날의 재생력을 탐독하고 실험하려 하지만
마취된 신경으로는 어떤 자절도 날이 서지 않는단다
중추신경의 적당한 부위를 자극하면
어디든 날이 서는 의식과 무의식
태어날 때 이미 버릴 후미를 정하는 간단한 의식(儀式) 같

지만
사선에 들 때 생명선으로 옮기는 단절

돌 틈, 빠른 속도가 무색한 짧은 다리로 햇볕에 몸을 갈고 있는 장지뱀
후미에는 또 저지당하는 선이 있기 마련이고
시간의 날이 슥슥 칼 가는 소리를 낸다
다가서면 바짝 날이 서는 꼬리의 어느 부분이 있다

봄날의 간극

놀이터 옆 노인정 평상에 지팡이 짚은 노인들
이른 봄 쌀쌀함을 코끝에 묻히고
늙은 상주들처럼 앉아 있다
아이들이 할 수 있는 것은 봄 햇살을 휘저어가며 노는 일
키를 늘리면서 그 키가 굳어지고
그 키가 굽어지는 동안 얻은 것이
상주 지팡이라면 봄날의 간극은 눈앞의 슬픔이다
천진한 키를 다시 가져보고 싶은 것이 구부러진 등의 생각
아이들은 너무 멀리 있어 아예 구부러질 생각이 없고
간극은 멀어질수록 천진하게 뛰어놀 수 있는 것

아이들은 놀다 지치면 집으로 들어가고
지친 집에서 나오는 것이 노인들의 일과
말랑한 놀이터 바닥, 고만고만한 발자국들에 고인 무덤덤한 시선들
꼭 저만할 때의 왁자함과 천진함이 주머니 속에서
기억으로 홍건한 노인들
손이 불편할 때까지 주머니 속을 뒤적거린다

그리움이나 슬픔, 뭐 그런 것들에 겨워지려면 얼마만 한 거리를 두어야 할까
꼭 그만한 넓이의 봄날의 마당, 그날의 장례는 기억할 만 할까

놀이터 옆에 노인정이 놓인 것은
문상객들 뒤꿈치에 가지런히 모인 간극 같은 것
하루쯤은 갈아입지 않아도 될 가만가만한 슬픔 같은 것

도깨비

겨울밤 끝에는 늘 도깨비가 출몰하였다.

할아버지 살던 마을에는 면사무소에 등재되어 있는 사람 말고도 다른 누가 늘 살고 있었다 한다. 쫄밋거리며 늦은 산길 돌아오는 동네 사람 붙잡고 뜬금없이 밤새 씨름이나 하자고 덤비거나 아니면 캄캄한 밤 참다 참다 뒷간 갈 때 멀리서 가까이서 깜박깜박 다가오며 놀래키는 푸른 불, 어떤 날은 저수지에 발목 잡혀 나오지 못했던 사람 다리를 빌어, 또 어떤 날은 집 나간 아들 기다리다 눈도 감지 못했다는 감실댁 눈을 빌어 그렇게 동네 떠나지 못하고 도깨비로 산다고 했다.

할아버지는 그들을 불러내어 이야기 나들이를 시켰지만 산길 버려진 집 마당에 몽당 빗자루 축 늘어져 있었거나 옆집 고방 벽에 장날 사온 간 갈치가 걸려 있었다는 긴 겨울밤 이야기 밑천들

밤새 놀던 도깨비들 또 그렇게 돌려보내던 할아버지 팍팍한 난장에서 지쳐 코 빠뜨린 동네 사람들에게 혹부리 도깨비

불러 노래주머니라도 얻어주면 좋겠다.

간밤에는 소복이 눈이 내렸다.

벌써 누가 길을 잘 쓸어놓았다.

눈 내린 아침이면 유난 떠시던 이웃집 할아버지도 세상 떠난 지 일 년이 넘었다.

소리 사진기

물방울에 소리가 들어 있었어요
외삼촌 방 전축에서 물방울이 돌고 있었어요
외가 지붕에서 떨어지던 빗소리도 거기 들어 있었어요
외삼촌은 물구슬이 생기면 비가 많이 온다고 그랬어요

장맛비가 너무 길어 외가에서 길게 살게 될까봐 마음이 떨렸어요

흐르는 물구슬들 속에 떨리는 마음을 넣어두면
퐁퐁 금방 부서져서 좋았어요
삼촌 전축은 바늘이 소리를 긁어낸다고 말했지만
나는 장맛비가 바늘이 되어
습하고 떨리는 소리를 긁어대는 것 같았어요
통영 계신 엄마에게 전하고 싶었어요
스피커에 부풀린 소리가
엄마 마음을 지나가면 날 데리러 와 달라는 소리로
변환될 거라 생각했어요
물구슬이 분명 스피커가 되어줄 것 같았거든요

비 오는 날, 삼촌 전축에서 빗줄기 음계가 들리고 어쩌다 같은 소리 계속 반복하면
카드리치 들어 올려 다음 소리에 옮겨놓을 때처럼
참 멀리도 옮겨온 이제
그 소리들 찍은 사진이 먼지 앉은 턴테이블에 얹혀 있어요
물방울 소리 들리는 처마와
낡은 엘피판 몇 장 구해놓고 음음음
그때 그 빗방울 소리를 따라 부르고 싶어요

깨어진 옆구리

소용을 잃은 간판들로 한층 게을러진 골목 한 켠
먼지 낀 창에 손가락 낙서도 뭉개져 있지만
버젓이 번호판을 이력으로 달고 서 있는 자동차
컵홀더 밑에 동전이 남아 있었는지
유리그물 속에 주먹만 한 구멍이 나 있다
시선이 깨어져 백미러는 옆 풍경을 잃어버렸다
조각난 채 길가에서 반짝거리고 있는 지나온 길들
거울 뒷면엔 지워버리고 싶은 이력이 흡수되어
실용적인 알츠하이머 환자가 되었다

손때 빤질빤질한 가방 하나 벽과 장롱 틈 사이에 끼워져
있다
몇 차례 버리려다 실패한 아버지 손가방
아버지 옆구리를 잃은 후 거기 그렇게 박혀 있다
치통 심한 날 진통제나 월말이면 온갖 고지서들
아버지 옆구리를 굳건히 지키다가
아버지의 배후가 되어 이제는 우리 집 옆구리에 서 있다
틈새의 배후이다

예수의 옆구리에서는 물과 피가 흘러나왔고

오늘날은 옆구리를 통해 아무렇지도 않게 이력을 흘려버리기도 하고

때로는 배후를 만들기도 한다

지나온 숱한 풍경 속에는 짐작케 하는 배후가 담겨 있다

윷놀이

그때 우리 집 윷판은 업힌 말들 일색이었다.

대개 짝을 지어 업혔는데 이를테면, 할아버지 방에는 할머니가 아버지 방에는 어머니가 언니는 나와 오빠는 삼촌 방에 업혀서 놀았다.

참먹이에 가는 제일 빠른 길이 첫걸음에 뒷도지만, 할아버지는 뒷도를 몰라도 모걸모걸 하며 일찌감치 참먹이 지나 윷판에서 나가셨고, 할머니는 도도도 하며 빙빙 돌아 손녀 시집가는 것도 보셨다.

삼촌은 늘 첫걸음 뒷도를 바랐지만, 대부분 개개개밖에 나오지 않아 집 밖으로 돌았고 삼촌 호주머니 눈깔사탕을 잃기 싫어 나는 삼촌이 참먹이에 가는 빠른 길을 모르면 좋겠다고 생각했다.

첫걸음에 뒷도가 아니라도 그냥 빨리 나갔으면 좋겠다고 투덜대던 언니였다. 나도 언니 나비 고무신 나비를 몰래 뜯어버릴 만큼 빨리 나가길 바랐다. 언니 뒤에서 걸개걸개! 하면서 눈을 흘겼다. 윗대 할아버지들도 모걸모걸 하셨다며 어머니는 아버지 윷가락에 기름칠하는 세월을 사셨고 아버지는 그래서 윷판에서 한참을 노셨다.

몇 판 돌고 나니, 어떤 윷 패가 나와도 말판에는 동그란 빈 방이다.

퐁당 빠지는 꽃을 그린 방에 삼촌 말이라도 언니 말이라도 있으면 좋겠다.

갯벌

문 몇 개 거느린 이 소산을 거둔 것은
겸손한 허리였다
발 푹푹 빠지는 갯가의 소산도 다를 바 없지
하루 허리 굽히면 하루치 양식을 캐던 곳
물막이 공사 끝나자 가끔 해풍만 드나들고
밀물의 시간이 빠져나갔다
판석 아재 집에도 썰물의 시간이 닿았다
발 빠지는 소산 거두지 않을 때도 겸손한 허리 지닌 아내를 보며
야금야금 캐먹던 갯벌이
저 구부정한 곳이었구나 생각한다
내외에게 참 좋은 저금통장이었다
늘 잔액이 있던 통장
썰물 때 입을 꾹 다물었다 밀물이면 촉수를 내놓는 조개처럼
드러났다 잠겼다 보이지 않다 보이다 하던 잔액
한꺼번에 인출하지 못해 조리차했지만
밥상에 비린 것 올리는 데는 그만한 것도 없었다
세상에 두루 쓰이는 양식은

겸손한 허리만 가지고 되는 것이 아니었다

평생 벌어 장만한 집
분주히 여닫던 문들, 입 꾹 다물고 썰물을 견디고 있다
계선주에 묶여 있는 목선처럼 담보로 묶여 있는 집
살아서 죽을 때까지가 평생인가 했더니
늘그막 평생이 따로 남아 있어서
집 한 채를 헐어서 쓰고 있다

창문을 열면 쓸고 들어오던 해풍에 부풀던 갯벌
지금은 다 빠져나가고 없는 바다
갯벌에 마지막 남은 폐선, 판석 아재 집에는
꼿꼿한 것들에 부드러운 녹이
저벅저벅 슬고 있다

블루 오션

격포 바다에 푸른색과 붉은색이 잇대어 있다

할머니 함지박 속 바다 다슬기
쌉쌀한 갯내가 톡톡 푸른 꽁지를 따고
비린내 나는 지폐 모이는 곳이면 어디든 닿는 푸른 트럭
오늘은 격포항 복판에
때 아닌 훌라맹고 춤사위를 깔고
붉은 자식들을 줄줄이 좌판에 내놓았다
입 하나 줄이자고 딸아이 식모살이 보내던 그날처럼
좌판대가 온통 붉기만 하다

북적이는 사람들
아마릴리스 화분 하나씩 사 들고
한 종지 얼마예요
다슬기 수북한 함지박 앞에 놓고 빙글빙글 졸고 있던 할머니
나선의 좁은 끝까지 들어갔던 잠에서 후르르 돌아 나온다
삶은 다슬기 꽁무니 톡톡 끊어내던 밤들
몇 장의 지폐에 불려 나갔다

하루에도 열두 번 꽁무니 빼고 싶었던 날들 없었을까
평생의 바람이 깃든 할머니 가랑이 앞
각종 비릿했던 것들
수북이 앞가림해주기 바빴던 자식들

그날은 노을 속으로 뛰어오르던 숭어도 붉어
오월 바다가 철벙 붉은 소리를 냈다
아마릴리스 꽃잎이 그 어디보다 붉던 격포 바다
사람들은 채석강을 지나 적벽강으로 넘어가고
노을이 오랫동안 켜져 있었다

노을이 다 빠지자 격포 서쪽 하늘이 빈 다슬기 껍질 같던,

윤도(輪圖)

마당가 대추나무에 하늘이 걸렸습니다
바르르 떨리는 자세라야 거기
지나가는 달을 올려다볼 수 있었습니다
사방을 규정하고서야 제 집에 앉는 사람들
본래 없던 사방입니다
거기 하늘의 것들이 지나가는 때를 새기고 싶은 대추나무는
삼라의 시간을 열매 맺고 싶었던 것이지요
치목의 시간을 견뎌야 하는 일입니다
하늘과 땅의 시간을 조직하고
자침을 놓고 양택과 음택의 터에는 방위를 담고
그러자니 천체가 그려놓은 다층의 원에 바퀴살 분금을 치고
떨리는 바늘 끝에 눈을 맞춘 세월이
어찌 삼백 년뿐이겠습니까

땅은 윤도 하나 놓을 자리면 충분하고
나머지는 방위들이 몰려오는 것이니
삼백 년이면 족히 어떤 택지든 주거를 앉힐 수 있겠지요
누구나 다 자리 하나는 가지고 태어나지만

그곳도 언젠가 바르르 떠는 시간 속 아니겠습니까

윤도 안에서 정해진 주거는
움직이지 않고 지나가는 것들의 장소일까요
사실은 사후의 시간도 흐르지 않는 것은 아닙니다
먼 곳은 움직이지 않고 지나가는 것 같기만 합니다
어쩌면 가장 정확한 윤도는 맑은 밤하늘에 있는 것 아닐까요
훌쩍 커버린 대추나무 속에 키 큰 친구 하나 있어
마주 서서 단번에 달을 봅니다
위성항법장치를 단 패찰을 들고 길을 찾는
대추들이 명당에 열려 있습니다

코펠

촘촘한 포옹이 불편하지 않아요
틈이 틈을 안고 있으면 소리가 나지 않아서 좋지만
만약, 작은 것 하나라도 달아나면
빈틈들은 요란스레 달그락거려요
먹을 것 차릴 때에는
작은 것부터 차례로 쓰는 게 좋아요
물론 조금 전의 자리는 잘 기억해야 해요

원통형 빈칸이 늘어갈수록 상차림은 번잡해지는
이만하면 한동안 집 밖에서 살아도 될 것 같지 않아요?
그러다가 쫓겨나면 어떻게 되냐구요
마트료시카 인형과 새로운 동거를 시작하지요, 뭐
다만 곡선을 조소하는 머릿속에서
기억의 날[刃]도 둥그렇게 뭉칠는지 알 수 없지만
어쩌면 유려한 춤을 출지도 모르지요
같이 춤을 추며 바깥의 맛을 차리는 것도 재미있을 거예요
엄마가 가르쳐준 대로만 하면
한동안 춤사위는 잊지 않을 걸요

엄마는 더러 집을 벗어버리고 싶다 했지요
코펠을 빌려드릴 걸 그랬어요
이젠 몇 개 남지 않은 코펠처럼
빈칸 숭숭한 엄마의 가사들
기억의 날을 벼린 지가 너무 오래되었는지
요양병원으로 이사하셨어요

그런데 사람과 코펠이 다른 것은 말이에요
한 사람이라도 비면 집안은 몇 배로 고요해진다는 것
다음 방문 갈 때 마트료시카 인형을 챙겨드려야겠어요

달밤

묵정밭에 잘 익은 계란 꽃잎을 후드득 바람이 턴다
바람이 수확하는 꽃잎들
봄의 몫으로 보관하는 곳은 허공의 곳간이 알맞다
그 아래쯤에서 검은등뻐꾸기 소리가 날아오른다
숲의 그늘들이 저녁으로 모여들고
그것들 잠시 쉬는 곳마다 어둠이 온다
달빛이 어둠을 숲으로 나르고
별들은 오래된 문자처럼 빛나 야행의 문장이 된다

옥수숫대 커가는 소리로 고라니는 허기를 달래고 있다
뻐꾸기 울음소리만 남아 있는 뱃속으로
질깃한 단물이 부스럭거리는 소리로 목을 넘어간다
귀를 흔들어 경계를 쫓아낸 자리에 풀벌레 소리가 달라붙는다
밤 풀숲이 고라니 뱃속에서 소화되는 동안
새벽이 숲에서 천천히 걸어 나오고 있다

새벽이슬이 우려낸 아침

간밤을 지난 허기가 부엌을 달그락거린다
숲에선 하늘이 가까워 마음을 씻기 쉬울 것 같았으나
매번 발목만 씻고 오는 산책
요 며칠 전에는 전기 철책 그으려 했다가
마음에 공연한 금만 긋고 말았다
수확의 희망이 고라니 뱃속에서 자란들 크게 달라질 건 없지
희망을 훼방 받으면 희망이 어디 있다는 것을 알게 되는 일들이
지천으로 피어 있는 산골
달빛에 모든 그림자가 꿋꿋하니
가끔 흔들린다고 어디 갈 희망이 아니다
보름달 하나로 넘치는 것들이 밝다

편도의 외출

간밤 아랫니가 빠지는 꿈을 꾼 할머니
벽에 걸린 사진들을 본다
변색된 틀 안에 갇힌 한 집안의 내력
삭은 못들이 진행하는 시간은 하릴없이 무거워져
가끔 바닥으로 떨어지기도 하는 틀 안의 내력
새 틀에 그것들 옮겨놓아도 돌아오지 않는 자손들

이쯤 되면 이곳 사람들 드나드는 것이 대수롭지 않아
자물쇠는 이미 녹슨 채 삭아져 있기 마련인 대문 안
늙은 감나무, 제 그림자를 흔들어 늙은 이름을 쓴다
편도의 외출이 긴 사람들은
낡은 문을 열지 못할 것이다
무료함의 무게에 한쪽을 잃은 평상 위에는
떨어진 감꽃과 함께 낙태된 하루들이 말라간다

재개발 확정지구 놀이터 미끄럼틀에
미끄러지는 것들이 많다
마당을 잃어버린 할머니는 치매 속으로 마실가고

골목 슈퍼 막걸리 사발은 제일 먼저 이삿짐 트럭으로
늙수그레하던 왁자함은 유리창과 함께 깨어졌다
감꽃을 빌어 바람도 손을 보태어 흔들지만
빈자리가 많은 배웅을 두고 이삿짐은 골목을 돈다

출구만 있고 입구가 없는 개발 조감도
그림 속 우뚝한 집들,
새의 깃털 하나 누이지 못하는 평면일 뿐이다
오래전 외출한 편도의 사람들은 돌아올 집이 없다

나방

밤새 방충망을 두드렸던 소리들이 창문 밑에 떨어져 있다
분가루 하얗게 떨어져 있다
제 몸을 다 털고 싶었을까
점점 무거워져 날아오르지 못하는 생이
오히려 가벼워진 아침
몸 대신 생이 저 멀리 날아가고 없다

그동안 몸의 날개는 어둠이었을 것이다
쐐기벌레였을 때부터 밤마다 찾아온 불빛
내 것이 아닌 곳에
소란스럽게 피어 있는 것을 보았다
방충망에 날개를 부딪치는 일
바깥에서 안으로 나가려 했던 흔적
내가 내 속의 것들을 다독이려 애썼던 흔적 같다

여름 끝을 잡은 비가 그악스럽다
이파리 뒤에 잘 숨어
남은 여름날이라도 잘 말려보려는 듯 날개를 말리는 나방

밤새 동그라미만 그리다가 모처럼 펼친 날개에
극의 무늬가 눈을 뜨고 있다
방충망 저쪽의 꽃이 피기를 기다리는
툭툭 다시 밤을 두드릴 소리들

낙과

때까치들이 노을을 물고 숲으로 돌아간다
꽃을 피워낸 신배나무 몇 그루가 신배골, 이름을 지키고 있다
오래전 내 발로 고향을 만든 사람들은
떫은맛보다는 그 향기에 마음을 준 지 오래
이제는 그 이름의 유래를 아는 사람도 없다
왜 그런지 나무의 신념은 아래로 내려앉기만 하여
때까치 부리를 용케 피했어도
열매로 건져낸 것 몇 개뿐인 신배나무
팔이 늘어지는 수확보다
버석거리는 우울이 더 어울린다

고향 동네 정미소 최씨 아저씨
벨트에 감겨들어 끊어져 나간 팔뚝 한쪽 끄트머리
환청이, 환상이 피뎃 소리처럼 몰려왔다
실체 없는 통증이 자라나는 뭉툭한 지점
통점이 옹이로 굳어갔다

우울이 버석거리는 신배나무 가지에도
점점이 자란 통점이 환상통을 불러오고
쿵 하는 소리도 없이 땅에 누운 신배들 점한 자리에
때까치들이 물고 온 노을도 묻어 있다
그 무엇으로도 한순간 제 몸을 밝힐 수 있다면
그것이 멍인들 어쩌겠는가

흰 그늘

오래 비어 있던 화분 밑, 그 맹지에 일가를 이룬 개미떼들이 흘러나온다
화분은 죽은 나무였을까
한 잎의 그늘조차 불러들여 마른 몸을 지탱하고 있다

벽은 힘 자라는 쪽으로 접목을 좋아하지만
방향은 역으로 결정한다
작아지는 키로 자라나고
거울 속 사람들처럼 꺼낼 수 없는 웃음을 오래 붙들고 있다

몸을 많이 묻고 있는 못들은 힘이 세다

키 작은 못이 붙들고 있는 사람들
세상의 시간을 만나지 않고
달력 네모 칸 속에 자기의 시간을 연신 집어넣고
그 위 시곗바늘이 움직일 때마다
못 가장자리부터 헐거워지고 있다

>

세상 시간과 오랫동안 어울리지 못한 부친의 사진을 내린다
먼지 떨어내는 단 한 번의 손놀림으로
직립을 포기한 부친
평면 뒤편에 희어진 그늘을 키우고 있었다

가족을 이루었던 사람들 하나둘 풀썩 날아간 자리
흰 그늘은 통로였을까
그랬다면 아마 헐거워진 못 가장자리부터였을 것이다

귀와 나눈 이야기

이명(耳鳴)은 한 사람만 들을 수 있는 소란

소리들이 몰려오는 길이 있다. 아랫집 할머니 그 길로 이사 오셨다. 이삿짐보다 더 무거운 귀를 가지고 오셨다.

하루 종일 귓속의 소리들과 싸운다고 번잡하다 하신다. 정리를 해놓은 소리들이 숲속으로 자주 날아갔다.

소리들 몰려오는 길은 의외로 좁다. 만 평 여름 숲이 깃들어 있는 곳. 매미 소리, 이파리들 피리 소리, 풀들 휘파람 소리, 새 깃털 부비는 소리, 흐르는 물소리가 들앉았다.

음소거 기능을 잃은 귀, 귓속이 점점 충만해지고 거기 많은 입들이 다녀가면서 귓속말도 하릴없이 무거워졌다.

간간 입으로 흘려보내는 귓속의 말들은 흡착의 늪에서 놀고

귓속에 물이 들어간 아이, 귓속 피리 소리를 들으라며 내 귀를 끌어당긴다.

아랫집 할머니도 그 많은 입들을 귀에 넣고 놀러 오셨다.

한 사람밖에 들을 수 없는 소리라 말하면서 자주 두리번거리신다.

트라이앵글 꽃밭

안쪽의 창문들은 저 혼자 풍경을 만들기도 한다
돌아보지 않으면 심심한 그곳, 주인 없이 자라난 꽃잎들이 가끔 그늘의 미닫이를 열 때가 있다
뜸한 발소리가 지나가는 골목길, 등을 돌린 꽃밭이 있다

방문들이 만들어놓은 거실이 있고
이 집의 호주 세 개의 방문을 장만하는 데 십 년이 넘게 걸렸다
외부로 통하는 방문들,
문을 잠그는 것들은 비밀이 되고
내부가 넓어지면서 내면도 넓어졌다
문들이 닫힐 때마다 꽃잎 떨어지는 소리가 들렸다
유일한 합집합 상태는 식탁 위에 차려져 있고, 식욕도 매일의 일상이 되지는 못해
종종 빈 의자에 각각의 소임이 꽃의 이름표처럼 메모되어 있다

대문의 소리들이 자투리 꽃밭을 지나치지만

활자판 도면 가방 옆구리에 낀 아버지는
골목을 벗어난 저쪽을 제 것으로 치부했는지도 몰라
활자를 도면대로 식자하면서 노란 키다리 꽃잎을 하나하나 뜯어가고 있었을 것이다
주인이 없어 지나가는 햇볕이 문을 열어주던 트라이앵글 꽃밭
오래된 납 활자 같은 꽃잎들이 바람을 식자하고 있을 뿐
색깔들에 듬성듬성 오타가 나 있다

소통은 꼭 한 방향이 아니어도 괜찮을 때가 있는지 아래 위층에서 휴대전화로 생각을 합할 때가 있다
누군가를 부르던 물음은 아직 돌아오지 않고 있다

유골

입이 벌어져 있지만 표정은 없다

흩어진 어머니를 보지 않았다
다만 산역하는 사람들의 말과 발걸음을 귀담아들었다
어머니는 무슨 표정을 보이고 싶었는지 내내 입을 휑하니 벌리고 있었다

움푹 패인 공간은 쓸데없는 것을 담지 않겠다는 의도가 숨어 있다
내가 이해하지 못한 생전의 어머니 표정도 거기 있었을 것이다

입술이 사라진 입가에 미각이 남아 있을까

물이 포도주로 변했을 때
예수는 자기의 때가 이르지 아니하였다 하였고
마지막 포도주는 자기의 피라고 하였다

열 개의 부위들과 다른 또 열 개의 부위들과
그보다 더 많은 부위들로 나뉘어진 어떤 사람을 본 적이 있다
하지만 흩어진 어머니는 산역이 끝날 때까지 나의 때는 아니었다
어머니의 마지막 피는 포도주가 되었을까

해마다 청명에는 비가 오지 않았는데
그날은 부슬거리는 비가 종일 그쳤다 뿌렸다 했다

큰 숨 한번으로

숨 한번 크게 쉬면 안 되는 일 없던 마실댁 할머니
열 달 뱃속 숨 탁 터뜨리며 세상에 왔던 날처럼
크게 숨 한번 들이키시고 돌아가셨다
너흘너흘 미역에 정신 들일 때는 숨 막히는 줄 모르더니*
이십 미터보다 깊은 줄 모르셨나, 이 분이 지나도 숨을 뱉지 않았다

바다 밑으로 드나들던 숨은 얼마나 큰 숨이었을까
너른 바다 앞을 재어 한 길 두 길 들어가 홍합 대합 딸 때*
내뱉지 않고 숨겼던 숨은 어디다 쓰셨을까
호오이 할 때마다 크게 비운 숨에 섞여 올라오던
비린 것들 숨소리는 달기만 했다
일본인 객주 따라 블라디보스토크까지 먼 물질로 젊던 날
마실댁 할아버지 경을 칠 노름방 빚도
몇 회의 산통도
숨 한번 크게 쉬고 태왁의 부력으로 띄워 보냈다
그렇게 늘 자기 숨으로 살았다
탯줄 같은 호흡기 달고 숨 쉬던 몇 해가 있었다

참 길게 참았던 무자맥질 숨보다 까무룩
병석의 잠 속으로 자맥질할 때
청춘의 물질 때 참았던 숨으로 이어간 긴 회상의 바다는
이십 미터보다 더 깊은 바다였을 것이다

지금은 어느 바다에서 비린 것들 망사리에 담고 계실까
호오이 숨비소리, 노랫소리도 함께

---

*제주 해녀 노래 일부.

넙치와 날치

판석 아재 목선 뱃머리가 물고랑을 트고 있습니다.
날치가 바다 밖을 살피고 다시 잠수합니다.

바다에 살면서 바다를 싫어한 판석 아재 아들은 아버지가 바다 물살에 온 생을 맡기고 사는 넙치만 같아 잡아온 넙치는 먹지도 않았다지요.

날치가 바다 위를 활강할 때
가슴지느러미는 새 날개 같았겠지요.
해면을 차고 오를 때 번쩍하던 등줄기는 바다 빛깔이지요.
공중에 익숙해지기 위해
초속의 미터를 타고나야 하고요.
물살보다 더 가벼워야 하기에
늘 가벼운 것만 먹어야 했겠지요.

이수(離水)할 때 순간 속도로 허공의 맛을 보는 날치
뭐니뭐니해도 물의 맛이 제일이라는 부친의 짭짤한 위안이 생각난 것은 잠깐의 비행이 숨 막혔던 까닭이겠지요.
날치로 살아보고 싶었던 날들
비행시간이 길어지면서 위장을 버렸던 비행(非行)의 날들

가슴지느러미 작업복이 헐거워지고
짭짤한 소금기로 바람의 겹겹이 절여지는 철
뭐니뭐니해도 물의 맛이 최고라는 말씨가 싹을 틔웠지요.
파닥거리는 목선의 옆구리에 붙어
아재 아들이 바다 한가운데서 그물을 끌어 올립니다.
봄 꽃이파리 같은 어종들이
물고랑에서 씨알 튀어 나오듯 만선입니다.

흙 꽃

낯선 사람들이 가끔 엉뚱한 지명을 묻고 지나가고 맑은 하늘은 막 구름지대를 접어든다.

엉뚱한 길에 든 사람들 내비게이션을 다시 누르고 마을 사람들 가벼운 구름을 어쩌지 못해 하늘을 꾹 눌러본다.

엘리야가 본 손바닥만 한 먹구름 모셔오고 싶은 여름 한낮

훅 소나기가 지나간다.
무거운 것 없는 하늘을 지나가던 구름
견디지 못해 몰래 빠져나왔다.
몰래 빠져나온 걸음이 길 수는 없지
몇 걸음 떼지 못하고 저쪽 마을로 건너가는 소나기

해바라기는 잠시 물기 빠진 하늘을 보고 서 있고 먼지 자국마다에는 꽃이 피었다.

물방울 떨어져 핀 흙 꽃은

열매 맺을 겨를이 없다.

소나기 심장에서 나온 씨앗이 증발하는 데는
잠깐의 걸음이면 되었고 지난봄,
헛꽃으로 살다 간 동백꽃 씨앗 증발하는 데는
창 안쪽이면 족했다.

바닥에 핀 꽃들, 꽃자리를 들춰보면 항렬자 돌려쓰는 푸석한 족보가 있을 법하다.

지나온 길의 식성

꾹꾹 밟으면 구수하게 익거나
빙그르르 익는 것도 있다
원래 그런 맛들은 얼마쯤 상한 뒤에 오는 맛
오래전부터 발에는
발효 프로그램이 장착되어 있는지 모를 일이다

발들이 만든 길엔
녹지 못한 눈이 쌓여 있고
같지 않은 사람이 버린 같은 길이의 꽁초들
난독의 이름표 붙어 있는 과자 봉지
바닥에 붙은 껌딱지들의 비루함은
손을 잃은 한쪽 장갑과 씁쓸한 입맛을 다시는 사이이다
지난 계절 지렁이 주검의 자리에
자전거 바퀴 자국이 말라가고
풀들이 견디는 자줏빛 추위가 끼어 있다
그들 모두가 길의 식성이라면
가히 잡식성이다

삶은 메주콩 밟듯
알알이 포도를 밟듯
우리가 밟고 지나온 길에도 식성이 있다면
수많은 프로그램이
발효되었을 것이라는 생각

입춘 지나 눈 녹은 길 위
짠 식성이 허연 자국으로 남아 있다

해설

경계에서 피어난 역설(逆說)의 풍경

오태호(문학평론가)

1. 역설의 감각

김은후의 서정은 역설(逆說)의 감각에서 빛을 발한다. 그 감각은 텍스트의 표면과 이면을 뒤섞으면서 마치 '뫼비우스의 띠'처럼 새로운 입체적 진실을 추적한다. 거기에서 다양한 사유의 표정이 피어난다. 시인이 대조적 이미지를 주목하는 것은, 이미지의 상대적 의미들이 충돌하면서 빚어내는 의미망이 새로운 시화(詩話)가 펼쳐지는 진경의 공간이기 때문이다. 시인은 '건기와 우기, 악마와 천사, 파랑과 하양, 동그란 사과와 평평한 수평선, 밤과 낮, 안과 밖, 가벼움과 무거움, 생과 전생, 없음과 있음, 암과 수, 가로와 세로, 진화와 절멸, 무위와 작위, 입구와 출구, 검은색과 흰색, 우화와 용화,

마름과 젖음, 마중과 배웅, 상현달과 하현달, 문 안과 문밖, 적당량과 치사량, 의식과 무의식, 사선과 생명선, 노인과 아이, 외부와 내부, 밀물과 썰물, 푸른색과 붉은색, 하늘과 땅, 무거워진 생과 가벼워진 아침, 세상의 시간과 자기의 시간, 눈 앞의 달과 가설의 달' 등이 서로 대립하는 공간을 읽어내면서, 그 공간에서 새로운 의미를 추출해내고 있는 것이다.

『분간 없는 것들』은 명확히 분간할 수 없는 존재태들의 이야기 모음집이다. '분간'이란 "사물이나 사람의 옳고 그름, 좋고 나쁨 따위와 그 정체를 구별하거나 가려서 앎"이라는 사전적 의미를 갖는다. 따라서 "분간 없는 것들"이란 정체를 파악하기 어려운 대상이라는 의미를 내포한다. 결국 시인은 시를 통해 명확히 판별하기 어려운 모호한 대상들과의 힘겨운 고투를 기록한 셈이 된다. 그리고 그 모호한 텍스트의 대상으로는 다양한 내력을 지닌 자연과 사람과 생명체의 흔적이 사유된다. 우선 시인은 아이와 어머니와 아버지와 할머니와 할아버지 등의 가족의 이야기를 통해 모호함의 정체를 파악해보고자 한다. 둘째로 이웃들의 삶의 내력을 응시하면서 도시인의 외출이 지닌 '슬픔의 간극'이라는 함의를 기록한다. 셋째로 '안과 밖, 여기와 저기' 등의 공간을 구별 짓고 차이화하는 '경계 짓기'에 대한 방법론적 회의(懷疑)를 진행한다. 넷째로 자연의 진경을 노래하게 만드는 달밤의 풍경을 의미화한다. 이렇듯 시인은 가족의 기억과 이웃의 현실, 경계의 풍경과 달밤의 서정이 지닌 의미들을 채집하면서 정체를 분간하기 어려운 텍스트들이 선사하는 의미의 혼성성을 주목한다. 그리하여 '역설의 감각'을 통해 경계에 대한 회의(懷疑) 속에 새로운 의미들을 길어내고 있는 것이다.

2. 가족의 내력

시인은 가족 이야기를 통해 삶의 내력을 고백한다. 우선 시인에게는 아이가 있다. 「발끝에 악마가 살고 있어요」는 '발끝 악마'와 '코끝 천사'를 대비하면서 악마 퇴치법을 알려주는 이야기로 구성된다. 이 시에서 아이는 발끝이 저릿하자 "발끝에 악마가 살고 있어요"라고 되뇐다. 그러자 시인은 "코끝에 침을 발라보"라며 천사의 호출법을 알려준다. 그대로 따라하며 악마를 쫓아낸 아이는 "악마쯤 아무것도 아니라 생각"하며 악마에 대한 내성이 생겨난다.

늦겨울 저녁이 축축이 비에 젖어 있고
아이는 게임에 빠져 있다
아이의 발을 덥석 잡았다

아, 아, 발끝에 악마가 살고 있어요

열중한 틈을 타 아이의 발에 저릿저릿한 악마가 파고 들었다
그 시간 천사는 어디에 있었을까

어서 코끝에 침을 발라봐

천사가 어디 있는지 알게 되자
아이는 악마쯤 아무것도 아니라 생각한다

악마가 아무것도 아닌 것을 알게 된 아이는 저만큼 멀리 뛰어가 버렸다
코끝의 천사에게 쫓겨난 악마,
코끝 천사를 아이에게서 빼앗아
기억의 바다로 던져버렸다

저릿한 암시 보내기를 좋아하는
그리 사악하지 않은 악마를 만나려면
축축한 저녁 무렵에 한참을 침잠할 수 있는 일을 찾아야 하지,
그리고 되도록이면 양반다리를 하고서
겹쳐진 생각에 골똘해야지

부르르 진저리치게 하는 악마,

내게는 하나쯤 있어도 되겠다는 생각
비가 오지 않을 때면 아이와 함께
일몰의 시간이라도 내어줘야지

—「발끝에 악마가 살고 있어요」 전문

하지만 "쫓겨난 악마"는 아이로부터 "코끝 천사"를 빼앗아 "기억의 바다로 던져버"린다. 실상은 아이가 시간이 흘러 '저릿한 발의 기억'을 망각한 것일 터이다. 시인은 이제 아이가 "그리 사악하지 않은 악마를 만나"기를 고대한다. 하지만 아이의 악마에 대한 내성을 키워주기 위해, 어쩔 수 없이 스스로 "부르르 진저리치게 하는 악마" 하나쯤을 소유하고자 한다. 그래야 아이에게 "일몰의 시간"에 악마 대처법을 알려줄 수 있기 때문이다. 결국 시인은 '악마 퇴치법'의 활용을 통해 아이의 훈육 주체로서의 책무를 다하고자 노력하고 있는 셈이다.

'발끝 악마'를 물리치는 방법을 터득한 아이는 「따끔한 꽃말」에서는 벌에 쏘여 "살갗에 따끔한 꽃말이 박혀", "진화의 시간"과 "문명의 꽃말"을 연상케 하는 존재로 변주되고, 「종이접기」에서는 '종이접기'를 하면서 "지난달 딸아이가 딸을 낳"는 경험 속에서 "나머지 없는 나눗셈"의 의미를 추적하는 존재로 변이된다. 이렇듯 '아이'는 시인에게 '지금 여기의 일상'을 함께 호흡하는 존재인 것이다.

아이를 통한 삶의 성찰은 시인 자신의 유년 체험을 환기하거나 가계의 다른 구성원에 대한 고백으로 이어진다. 그리하여 시인은 「검은 숫자, 흰 숫자」에서는 어린 시절 '토끼장의 추억'을 환기한다. 그때 할머니가 "하릴없이 토끼 몇 마리 툭꺼내 가"서 '얼룩 강아지'로 바꿔오기도 하는데, 그럴 때면 시인은 토끼장 속의 토끼 숫자를 헤아리면서 '덧셈과 뺄셈'을 배웠던 기억을 떠올리는 것이다. 뿐만 아니라 「심해어」에서는 시인의 가족이 "몸속에 뼈를 넣고 사는 일가"이자 "살아가는 것이 통증"임을 아는 가족으로 그려진다. "적당량에서 치사량까지의 간격"이 "통증의 유효기간"임을 아는 시인은, 유년 시절 "뼈가 없는 오욕(五慾)의 행보들"과 "이불 밑 캄캄한 칠정(七情)의 바다"에서 가족의 통증의 깊이를 체감한다. 그때 시인은 심해어가 되어 "진화의 방향"을 가늠하며 "가장 납작한 것은 서로 포개질 수도 있겠다"는 생각 속에 "유효한 통증"으로 세계를 유영하며 가족의 일원으로 존재했던 것이다.

나아가 「도깨비」에서는 겨울밤에 들려준 할아버지의 이야기로 "이야기 나들이"를 경험하며 도깨비들의 난장을 곱씹어보는 따뜻한 기억을 떠올리기도 하고, 「소리 사진기」에서는 외삼촌의 전축 소리에서 물방울 소리를 감지하며 외삼촌과 엄마의 기억을 호출하고, 「윷놀이」에서는 과거에 "우리 집 윷판은 업힌 말들 일색"이었다면서, "할아버지 방에는 할머니", "아버지 방에는 어머니", "언니는 나", "오빠는 삼촌 방에

업혀서 놀았"던 기억을 떠올린다.

이렇듯 가족들은 수시로 시인의 추억을 환기하며 과거와 현실을 연결하는 매개체로 드러난다. 「호로록」에서도 지금은 세상을 떠나신 큰집 할아버지가 이름은 "이승에서 날아가지 않게 짓는 것"이라면서 "바람 '풍' 자"를 "말뚝과 함께 써야 한다"고 하신 말씀을 떠올린다. 그것이 이름을 자주 불러 "여기 묶어두자는 묵계"에 해당하기 때문이다. 시인은 그 말씀을 기억하며 큰집 제사에 가서 제사 이후 큰집 할아버지의 이름이 적힌 지방(紙榜)을 불붙여 날려 올리는 '소지(燒紙)'를 할 때 "호로록 호로록 호로로록" 손을 바꿔가는 모습을 보며 "마중과 배웅의 행위"가 지닌 의미를 상상한다.

시인은 자신의 육신의 기원적 존재인 아버지를 추억한다. 「깨어진 옆구리」에서는 효용 가치를 잃어버린 골목 풍경들을 지나친 뒤 집에 와서, "벽과 장롱 틈 사이에 끼워져 있"는 '아버지의 손가방'을 바라본다. 아버지의 옆구리를 차지하던 그 '손가방'은 "아버지의 배후"로서 "틈새의 배후"로 자리하는 물건이다. 시인은 그 가방을 보며 '아버지의 옆구리와 이력과 배후'의 연결 속에서 "지나온 숱한 풍경 속" '아버지의 내력'을 "짐작케 하는 배후가 담겨 있"음을 상상하는 것이다. 특히 「흰 그늘」에서는 "세상 시간과 오랫동안 어울리지 못한 부친의 사진을 내리"면서, "직립을 포기한 부친"이 "평면 뒤편에"서 "희어진 그늘을 키우고 있었"던 사실을 알게 된다.

삶의 배후로서의 아버지의 내력에 이어 시인은 또한 어머니를 추억한다. 「코펠」에서 시인은 “빈칸 숭숭한 엄마의 가사들”을 보며 “몇 개 남지 않은 코펠” 같은 낡고 추레한 느낌을 받는다. 어머니께서 “기억의 날을 벼린 지가 너무 오래되”어 요양병원으로 이사를 가셨기 때문에 그 느낌은 더욱 강화된다. 더구나 “한 사람이라도 비면 집안은 몇 배로 고요해지”는 것이 사람과 코펠의 차이점이라는 사실을 알게 된다. 하지만 「유골」을 보면 시인의 어머니는 얼마 지나지 않아 요양병원을 떠나 하늘나라로 가시게 된다. 그리하여 「유골」에서 시인은 “입이 벌어져 있지만 표정은 없”는 “흩어진 어머니”를 보지 않으려 노력한다. 주검이 된 자신의 모체를 직면하기 고통스럽기 때문일 것이다. 하지만 “산역하는 사람들의 말과 발걸음”을 통해 시인은 어머니의 표정을 간접적으로 알게 된다. 그리고 주검이 되어 “움푹 패인 공간”들에는 시인이 “이해하지 못한 생전의 어머니 표정”이 담겨 있을 것으로 짐작된다. 시인은 ‘청명’의 그날, 부슬거리는 비가 “그쳤다 뿌렸다” 할 때 어머니의 장례를 치른 기억을 담담하게 떠올리고 있는 것이다.

시인은 이렇듯 아이와 부모, 조부모 등의 가족의 내력을 통해 과거와 현재의 상상적 대화를 수행한다. 그리하여 가족이 개인의 사회화를 제공하는 따뜻한 최소 단위임을 시적 상상력으로 입증한다. 그리고 거기에는 아늑하고 쓸쓸한 통증의 기억들이 오롯이 살갑게 새겨져 있음을 의미화한다.

3. 외출의 진실

시인은 집 밖으로 외출하며 살아가는 현대인의 삶을 보며 외출의 진실을 추적한다. 도시인의 삶은 현대인에게 절박한 주거문제를 야기시키는 텍스트로 읽혀진다. 그리하여 「징글메일」에서 "엄청난 모기지의 식욕"이 넘쳐나는 "거품 세상에 거품 집으로 이룬 일가"가 "문밖의 성탄절"을 위해 "편도의 외출"을 감행하는 모습을 추적한다. 그리하여 "나비 날갯짓 같은 짤랑거리는 소리"로 "절박의 진도"를 매기는 세상을 비판적으로 바라본다.

시인은 「문명의 거주 비용」에서도 "비워놓은 집"으로 전달된 "제목 : 1월 전기요금 청구액 160,720원"이라는 이메일을 받자, 그것이 "빈집에 독처한 문명의 거주 비용"이라고 판단한다. 시인은 겨울의 냉기 속에서도 빈집을 향해 "무인경비시스템의 렌즈"가 돌아가고, "무인의 기간"과 "무인의 계절" 속에서 "외출이라는 거짓말을 설정"하는 현실을 냉정히 응시한다. 그때 "거짓말의 온도"는 12도이고, "거짓말을 굳게 믿게 하는 값"이 "한 달에 16만원 정도"로 파악된다. 자본주의 도시 문명은 추운 겨울임에도 불구하고 따뜻한 온기의 가정이 아니라, 집 밖으로 외출을 강제하는 혹독한 문명의 냉기를 전파하고 있는 셈이다.

집을 비운 채 집 밖으로의 외출을 강제하는 사회는 답답한 일상 현실을 제공한다. 특히 시인은 「봄날의 간극」에서 집 밖으로 외출하여 놀이터에 자리한 노인들과 아이들의 모습을 대비시켜 보면서 시간의 중첩을 읽어낸다.

놀이터 옆 노인정 평상에 지팡이 짚은 노인들
이른 봄 쌀쌀함을 코끝에 묻히고
늙은 상주들처럼 앉아 있다
아이들이 할 수 있는 것은 봄 햇살을 휘저어가며 노는 일
키를 늘리면서 그 키가 굳어지고
그 키가 굽어지는 동안 얻은 것이
상주 지팡이라면 봄날의 간극은 눈앞의 슬픔이다
천진한 키를 다시 가져보고 싶은 것이 구부러진 등의 생각
아이들은 너무 멀리 있어 아예 구부러질 생각이 없고
간극은 멀어질수록 천진하게 뛰어놀 수 있는 것

아이들은 놀다 지치면 집으로 들어가고
지친 집에서 나오는 것이 노인들의 일과
말랑한 놀이터 바닥, 고만고만한 발자국들에 고인 무덤덤한 시선들
꼭 저만할 때의 왁자함과 천진함이 주머니 속에서

기억으로 홍건한 노인들
손이 불편할 때까지 주머니 속을 뒤적거린다

그리움이나 슬픔, 뭐 그런 것들에 겨워지려면 얼마만
한 거리를 두어야 할까
꼭 그만한 넓이의 봄날의 마당, 그날의 장례는 기억할
만할까

놀이터 옆에 노인정이 놓인 것은
문상객들 뒤꿈치에 가지런히 모인 간극 같은 것
하루쯤은 갈아입지 않아도 될 가만가만한 슬픔 같은 것
—「봄날의 간극」 전문

시인은 "놀이터 옆 노인정"의 노인들이 "늙은 상주들처럼 앉아 있"는 이른 봄에 아이들이 "봄 햇살을 휘저어가며 노는 일"을 바라본다. 그때 아이들이 "키를 늘리"고 "키가 굳어지"다가 "굽어지는 동안", 즉 성장하고 노화하면서 얻는 것이 결국 나이 든 노인들의 "상주 지팡이"에 불과할지도 모른다는 상상을 한다. 활기차게 노는 아이들에게서 쓸쓸하고 허망한 '노년과 죽음의 이미지'를 읽어내는 것이다. 결국 시인에게 "봄날의 간극은 눈앞의 슬픔"으로 다가온다. 아이들의 모습에서 노인과 죽음의 시간을 겹쳐 읽어내는 시인에게는 '봄날의 풍경'이 둘 사이에서 조금도 좁혀지지 않는 '슬픔의 간극'으로 인식되는 셈이다. "천진한 키"와 "구부러진 등"의 대비가 '슬픔의 간극'으로 선명하게 드러나는 것이다.

물론 아이들의 놀이와 노인들의 시선이 교차되는 '놀이터'에서 아이들의 "왁자함과 천진함"은 노인들에게 오래된 유년 시절의 기억을 호출하게 한다. 그러나 그것은 시인이 보기에 아마도 과거를 향한 "그리움이나 슬픔"일 것으로 짐작된다. "봄날의 마당"에서 언젠가 다가올 노인들의 장례를 상상하며, 상주가 문상객들을 맞이하게 될 "가만가만한 슬픔"을 예견하고 있는 셈이다. 시인은 봄날 놀이터 풍경에서 아이들의 놀이와 노인들의 시선이 교차하는 풍경을 대비하면서 슬픔이라는 생의 간극을 조망하고 있는 것이다.

시인은 「편도의 외출」에서도 재개발 확정지구에서 개발이 진행되면서 "무료함의 무게"로 인해 "떨어진 감꽃과 함께" 말라가는 "낙태된 하루"를 응시한다. "출구만 있고 입구가 없는 개발 조감도" 아래에서 편도로 외출한 사람들이 "돌아올 집이 없"는 현실을 비판하고 있는 것이다. 도시적 일상에 대한 비판은 「기하학적 코끼리」에서 고층건물이 가득한 도심의 숲에서 "기하학적 코끼리"를 상상하게 하고, 「발가락 유전자」에서는 "전서구(傳書鳩)였던 기억"을 잊은 도심의 비둘기들이 대도시 "길의 하루치 습성에 길들여져" 야성을 잊은 채 살아가는 "한 과(科)의 변이"를 구차하게 응시하기도 한다.

도시적 일상에 대한 시인의 응시는 비판적 의식을 선취한다. 특히 돌아오지 않는 '편도의 외출'이라는 상징적 이미지는 정주지로서의 아늑한 공간으로서의 가정을 잃고 집 바깥을 떠도는 유목민적 존재가 된 현대인의 비감한 현실을 보여준다.

4. 경계에 대한 회의(懷疑)

김은후의 시집 『분간 없는 것들』은 실상 경계에 대한 질문 모음집에 해당한다. '경계 짓기'와 '경계 지우기'를 통해 경계의 공정성을 반문하는 시들이 많기 때문이다. 특히 「안팎」에서 시인은 "모든 경계는 공정한가"를 질문한다. 그리고 그 질문에 대한 응답으로서의 사유 속에서 자신의 욕망과 한계를 자인한다.

시인은 배추 모종을 심은 뒤 고라니가 다녀가자 배추밭을 훼손시키지 않기 위해 울타리를 친다. 하지만 "안팎을 나누었나 했더니" 오히려 배추 속에 시인이 갇힌 셈이 된다. 그리하여 "경계를 긋는다는 것"이 "다른 경계들"을 모여들게 하는 역설임을 깨닫는다. 결국 안팎이라는 경계가 시인의 불안을 드러내고, 그 불안 속에 시인은 스스로를 가둔 셈이 된다. 그러나 지상으로 향하던 시선을 하늘로 돌리니 "문득 경계가 없"음을 깨닫게 된다. '경계'라는 것이 지상의 공간 분할일 뿐이었던 것이다. 그러므로 이제 시인은 "모든 경계는 공정한" 지를 반문하게 된다.

> 배추 모종을 심었다 간밤에 고라니가 다녀갔다 뭉텅뭉텅 이 빠진 밭에 울타리를 쳤다 안팎을 나누었나 했더니 배추 속에 내가 갇혔다
>
> 경계를 긋는다는 것은 다른 경계들이 모여드는 것
> 안팎을 알 수 없는
> 고라니는 다만 발자국 몇을 잃고 새 길로 뛰어갔다
> 한나절 경계를 긋다가 안팎에 두루 불안을 가두었다
> 허리를 펴다 하늘을 보니
> 문득 경계가 없다
>
> 모든 경계는 공정한가
>
> 옥수수 씨앗을 세 알씩 심었다 한낮에 산비둘기가 다녀갔다 경계는 식성을 나누는 것이다 저 혼자 다 먹은 것은 식성을 나누지 않겠다는 것 산비둘기 날개는 이미 식성의 선로를 이탈한다 이것은 누구에게 공정한 것인가
>
> 동네 할머니는 짐승과 나눠먹으려
> 여분을 심는다지만

실은 한 알이라도 내가 먹겠다는 것
내가 옥수수를 뚝! 딸 때 산비둘기 날개는
나와 경계를 짓는다

밤과 낮이 경계 근처를 놀다 갔다

—「안팎」 전문

배추 모종 이후 시인은 두 번째로 옥수수 씨앗 세 알을 심자 산비둘기가 다녀가고, 그제서야 "경계는 식성을 나누는 것"임을 알게 된다. 산비둘기가 "식성의 선로를 이탈"하여 함께 나눠먹고자 옥수수밭을 다녀갔기 때문이다. 하지만 시인이 옥수수를 따게 되면 경쟁 관계에 있던 산비둘기와의 경계를 확정하고 구분하게 된다. 결국 시인과 산비둘기가 옥수수를 매개로 행하는 '경계 짓기'는 경계에서 배회하는 동물들의 생존 본능이 어떤 모습인지를 깨닫게 하는 것이다. 배추 모종과 옥수수 파종을 통해 시인은 경계의 공정성에 대한 질문을 던지면서, 그것이 고라니와 산비둘기에 대한 인간의 경계심의 발로에 불과했음을 반성하고 있는 셈이다.

경계는 이렇듯 관계에 대한 고민으로 이어진다. 그리하여 시인은 「숙주 조정」에서 개미와 선충(=밀림개미의 기생곤충)의 공서(共棲)를 보면서 "경전을 실천하는" 먹이사슬의 순환 관계를 들여다본다. 개미와 선충, 새와 개미, 새똥과 개미 등의 관계를 통해 먹이사슬 관계를 확인하며 시인은 기생과 숙주의 관계에 대해 "교차되는 의심"을 던진다. 그리하여 '삶과 죽음, 기생과 숙주의 관계'에 대한 질문과 함께 학교 앞에서 아이들을 기다리는 학부모를 바라보면서 숙주와 기생의 관계 같은 인간 삶을 회의하는 것이다.

경계와 관계에 대한 사유는 시인에게 역설의 감각을 제공한다. 그리하여 시인은 「제르트뤼드의 봄 1—나비가 노래하지 않는 이유」에서 맹인여성 '제르트뤼드'를 통해 역설의 이미지를 추적한다. 여기서 시인은 "가벼운 존재"가 "분간 없는 것"이자 "없는 것들을 가지고 있다는 생각" 끝에, 인간 신체에서 "가장 가벼운 것이 귀"이고, "가장 무거운 것이 입"이라고 단정한다. 그리고는 "없는 귀를 가진" '나비'가 입을 말고 있다고 생각한다. 나비와 인간의 대비에서 '귀 없이 입을 말고 있는 나비'를 통해 '가벼움과 무거움, 보이는 것과 보이지 않음'을 사유하면서 "어두워야 더 잘 보이는" 삶의 역설을 추적하고 있는 것이다. 「제르트뤼드의 봄 2—우화(羽化)의 무게」에서도 역설의 감각이 이어진다. 시인은 '고양이 주검'이 지면에 붙어 "용화(蛹化)되어 가는" 모습을 보며 "벌레의 몸을 빌어 우화될 예정"인 '빈 껍질'을 상상한다. 맹인여성의 점자 익히는 속도 속에서 가시성과 비가시성의 경계를 넘는 역설을 통해 주검이 용화에서 우화로 초탈하는 풍경을 가늠해보는 것이다.

시인은 「가로 세로」에서도 “세로와 가로를 교차하는 모호한 해석들”을 연상하면서 ‘게의 행보’에서 “지독한 난독”을 체험하고, “지구 곳곳을 뒤져보면/가로의 부정과 세로의 긍정이 뒤바뀌는 곳”이 있을 것임을 짐작한다. 「나방」에서도 “밤새 방충망을 두드렸던” 나방의 소리들이 그 다음날 아침 창문 밑에 “분가루 하얗게 떨어”진 채, “점점 무거워져 날아오르지 못하는 생”의 최후를 보며 “오히려 가벼워진 아침”을 만난다.

시인은 이 세상의 모든 경계에 대한 진심 어린 회의(懷疑)를 통해 경계의 공정성을 반문한다. 결국 ‘공정한 경계나 관계의 불가능성’을 드러내지만, 그럼에도 불구하고 “모든 경계에는 꽃이 핀다”(함민복)는 사유가 존재하듯 시적 상상력을 통해 ‘경계’라는 메타포가 지닌 외연적 의미를 확장하고 있는 것이다. 시인은 이렇듯 ‘가로와 세로, 긍정과 부정, 가벼움과 무거움, 삶과 죽음’ 등의 대립쌍들을 통해 역설의 사유로 세계의 다성성을 포착하고 있는 것이다.

5. 달밤의 희망

시인은 달밤의 이미지를 주목한다. 먼저 시인은 「포보스」에서 수몰지구 마을 인근에서 “달의 그림자를 안고 스스로 위성이 된 저수지”를 바라본다. 그리고 수몰지구의 아이들이

"소행성의 유전자"를 내면화한 채 고요한 달과 물의 어두움에 물들어가면서, "밤의 위성으로 뒤척이"는 '잠'의 세계에 온 마을이 젖어드는 모습을 상상한다. "달처럼 생긴 마을에 달이 떴"기 때문이다. 시인은 달과 물과 마을을 응시하면서 수몰지구 마을의 고요한 풍경을 기록하고 있는 것이다.

이렇듯 달은 시인이 관조하는 주요 이미지에 해당한다. 「달밤」에서도 달은 자연의 풍요로운 감각을 사유하는 주요 배경으로 등장한다.

> 묵정밭에 잘 익은 계란 꽃잎을 후드득 바람이 턴다
> 바람이 수확하는 꽃잎들
> 봄의 몫으로 보관하는 곳은 허공의 곳간이 알맞다
> 그 아래쯤에서 검은등뻐꾸기 소리가 날아오른다
> 숲의 그늘들이 저녁으로 모여들고
> 그것들 잠시 쉬는 곳마다 어둠이 온다
> 달빛이 어둠을 숲으로 나르고
> 별들은 오래된 문자처럼 빛나 야행의 문장이 된다
>
> 옥수숫대 커가는 소리로 고라니는 허기를 달래고 있다
> 뻐꾸기 울음소리만 남아 있는 뱃속으로
> 질깃한 단물이 부스럭거리는 소리로 목을 넘어간다
> 귀를 흔들어 경계를 쫓아낸 자리에 풀벌레 소리가 달라붙는다

밤 풀숲이 고라니 뱃속에서 소화되는 동안
새벽이 숲에서 천천히 걸어 나오고 있다

새벽이슬이 우려낸 아침
간밤을 지난 허기가 부엌을 달그락거린다
숲에선 하늘이 가까워 마음을 씻기 쉬울 것 같았으나
매번 발목만 씻고 오는 산책
요 며칠 전에는 전기 철책 그으려 했다가
마음에 공연한 금만 긋고 말았다
수확의 희망이 고라니 뱃속에서 자란들 크게 달라질 건 없지
희망을 훼방 받으면 희망이 어디 있다는 것을 알게 되는 일들이
지천으로 피어 있는 산골
달빛에 모든 그림자가 꼿꼿하니
가끔 흔들린다고 어디 갈 희망이 아니다
보름달 하나로 넘치는 것들이 밝다

—「달밤」 전문

시인이 보기에 달밤 아래에서는 모든 것들이 넘쳐난다. 묵정밭에서 바람이 꽃잎들을 수확하는 모습을 보며 시인은 "봄의 몫"이 "허공의 곳간"에 보관된다고 상상한다. 그리고 그 곳간 아래로는 뻐꾸기 소리가 날아오르며, "숲의 그늘들이 저

녁으로 모여들"면서 어둠이 밀려온다. 어둠 아래로는 다시 달빛이 흐르고 "별들은 오래된 문자처럼 빛나 야행의 문장"을 빚어낸다.

달밤 아래에서 고라니는 옥수숫대로 허기를 달래고, 뻐꾸기 울음소리와 풀벌레 소리가 "경계를 쫓아낸 자리"에 들어선다. 그렇게 풀숲의 소리들이 고라니의 뱃속에서 소화되면서 숲은 점차 새벽으로 향해간다. 그리고 새벽의 허기가 부엌을 깨우고, 시인은 새벽 산책을 하며 발목을 씻고 온다. 옥수수에 대한 "수확의 희망"이 고라니에 의해 주춤되기도 하지만, '희망의 훼방' 속에서도 역설적으로 희망의 존재감이 확인된다. 시인은 산골 마을에서 "달빛에 모든 그림자가 꼿꼿하"게 자리하는 풍경 속에서 "보름달 하나로 넘치는 것들이 밝"게 빛나는 '희망의 기대'를 놓지 않는 것이다. 달은 수확과 희망의 이미지로 시인에게 인식되는 것이다.

뿐만 아니라 시인에게 '달'은 유년의 밤길을 떠올리게 한다. 「두 개의 달」에서 시인은 한여름 밤에 "등불 하나 켜지면" 달이 두 개가 되었음을 떠올린다. 그때 밤길의 나방들은 눈앞에 자리한 '등불의 달'을 향해 "그악스럽게" 달려든다. 이렇듯 "집충등에는 달의 무늬가 출렁거리고/오래 들여다보면 지나간 날짜들"이 텅 빈 채 "하나같이 극성스러운 시간"의 기억을 내포하고 있을 뿐이다.

이렇듯 달은 다양한 시간감을 내포한다. 그리하여 「나프탈렌」에서는 "상현달 커가는 속도의 색깔"을 하얗게 읽어내고, "점차 모서리가 닳아가는 하현달의 관성"에서 "흰 나프탈렌 냄새"를 맡는다. 시인은 달에게서 냄새와 색깔을 감지하며, "문 안의 냄새와 문밖의 냄새를 섞어 계절을 차리"는 바람을 통해 "시간이 달아나는 냄새들"을 "둥글게 말리"면서, "흰 달이 다 날아가고 없는 허공"을 응시한다. 이렇듯 달빛 아래에서 시인은 자연과 인공의 냄새와 색깔과 계절과 시간이 한데 어우러지는 허공의 참 의미를 읽어내는 것이다.

「윤도(輪圖)」에서는 대추나무에 걸린 하늘을 통해 지나가는 달을 올려다보면서, 대추나무에 "삼라의 시간", "치목의 시간", "하늘과 땅의 시간", "사후의 시간" 등이 걸려 있음을 가늠한다. 시인은 「누에가 먹은 달」에서도 "뽕잎의 잎맥"에 "주름의 지형"이 있다면서, "시간의 색깔이 푸른 까닭"임을 깨닫기도 한다. 그리하여 "누에의 몸"이 "달의 숙주"임을 기록한다.

통상적으로 달이 풍요와 여성의 상징이라면 김은후 시인에게 달은 나무나 누에, 물과 나방, 나프탈렌에 이르기까지 다양한 매체들과의 관계 속에서 의미를 누적한다. 그리하여 자연의 오감각을 호흡하며 다양한 시간감과 시간성을 육체화하고 있는 관계론적 주체의 표상으로 그려진다. 이렇듯 달은 나방과 나프탈렌과 대추나무와 누에와의 관계망을 구축하면서 자신의 의미망을 다채롭게 확장하고 있는 매체가 된다.

6. 관계론적 사유

시인은 분간할 수 없는 것들을 분간하여 그 의미의 경계를 풀고 짓고 긋고 지우고자 한다. 그것이 이 세계라는 텍스트의 의미를 제대로 주해하는 것이기 때문이다. 시인은 "혼자 타는 나무"나 "혼자 날아가는 구름", "혼자 우는 울음"이 없다면서 "아직 젖어 있는 것들의 흩어지는 방식"(「흩어지는 방식」)을 상상한다. 홀로가 아니면서 동시에 축축이 젖어 있는 대상들로 향한 시인의 시선은 세계를 자아화하려는 인식의 소산이다. 그 저변에는 관계론적 사유가 내면화되어 있다고 파악된다.

김은후 시인은 역설의 감각과 관계론적 사유 속에서 자신의 시 세계를 구축해가고 있다. 그것은 아직 정형화되어 있지 않으며, 정형화될 수 없는 형식을 내장한다. 모호한 채로 시인 앞에 놓여진 '분간 없는 것들'을 향한 감성의 사유가 시인의 지향이기 때문일 것이다. 불확실성의 세계에 대해 새로운 가능성을 모색하기 위해 시인은 역설적 사유와 인식으로 뚜벅뚜벅 자신의 감각을 벼려갈 것이다. 우리는 그를 눈여겨볼 것이다. 그의 역설적 감수성이 독자의 기대지평을 넓혀줄 것이기 때문이다.

이 도서의 국립중앙도서관 출판시도서목록(CIP)은 서지정보유통지원시스템 홈페이지(http://seoji.nl.go.kr)와 국가자료공동목록시스템(http://www.nl.go.kr/kolisnet)에서 이용하실 수 있습니다.(CIP제어번호: CIP2016029302)

시인동네 시인선 069

분간 없는 것들

초판 1쇄 발행 2016년 12월 8일
초판 2쇄 발행 2017년 8월 1일
지은이 김은후
펴낸이 고영
책임편집 류미야
디자인 헤이존
펴낸곳 문학의전당
출판등록 제311-2012-000043호
주소 서울시 마포구 마포대로 11길 91, 3층
전화 02-852-1977 팩스 02-852-1978
전자우편 sbpoem@naver.com

ISBN 979-11-5896-292-0 03810

* 이 시집은 수원문화재단의 '수원문화재단 문화예술 지원금' 지원사업의 후원 및 지원을 받아 제작되었습니다.
* 이 시집은 〈2017 세종도서 문학나눔〉 도서에 선정되었습니다.